ÉTUDES

SUR LE BEAU

DANS LES ARTS.

OUVRAGES DE M. DROZ,

IMPRIMÉ CHEZ PAUL RENOUARD,
RUE GARANCIÈRE, N° 5.

ÉTUDES
SUR LE BEAU
DANS LES ARTS,

PAR

JOSEPH DROZ,

DE L'ACADÉMIE FRANÇAISE.

SECONDE ÉDITION.

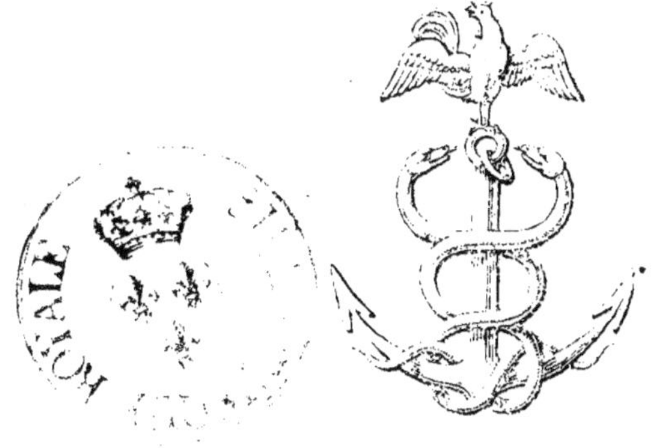

A PARIS,

CHEZ JULES RENOUARD,

RUE DE TOURNON, N° 6.

M. DCCC. XXVI.

ÉTUDES

SUR LE BEAU

DANS LES ARTS.

CHAPITRE PREMIER.

OBJET DE CET OUVRAGE.

Les beaux-arts nous offrent, à des époques différentes de la vie, deux sources de plaisirs. Dans la jeunesse, nous voyons les chefs-d'œuvre avec amour et presque avec délire. L'enthousiasme alors n'est point troublé par la réflexion ; il nous domine, il nous entraîne, et sa flamme nous paraît semblable à celle du génie dont les prodiges nous ravissent. Le temps affaiblit la volupté qui naît de l'admiration ; et notre âme toujours active essaie de se dédommager.

Nous analysons les chefs-d'œuvre, nous jugeons leurs beautés, leurs défauts; nous esquissons des théories. Cette nouvelle source de plaisirs est moins féconde que la première en émotions vives; mais elle est douce, et produit encore des momens d'ivresse.

Plongé dans d'heureuses rêveries, j'ai cru quelquefois apercevoir de vagues rapports entre les beaux-arts et les femmes. Il est un âge où, près d'elles, on cesse d'éprouver le trouble du cœur; mais toujours elles inspirent un profond, un tendre intérêt; et, pour dernier hommage, on ose leur offrir les conseils de l'expérience sur les qualités qui rendent les grâces plus touchantes et la beauté moins fugitive.

Il y a des sujets pleins d'attrait, destinés à charmer la vie de celui qui leur consacre ses méditations. Jeune encore, j'écrivis sur le bonheur : la recherche du bon dans l'ordre moral, me conduisit naturellement à la recherche du beau dans l'ordre physique; et je commençai ces études. J'aimai bientôt à les continuer. Environné d'objets qui sans cesse renouvelaient pour moi l'impression du beau, mes pensées devenaient plus sereines; de riantes et pures émotions enchantaient mes jours; je m'endormais et je me réveillais dans un monde idéal.

Obtiendrai-je une influence légère sur le jeune artiste qu'agite l'amour du beau et l'espoir de la célébrité? Aplanirai-je quelques-uns des obstacles qui retardent ses pas, et me saura-t-il gré de mes recherches? Je l'ignore: ce serait assez pour moi si je dirigeais les pensées du lecteur vers des sujets qui flattent l'imagination, si j'exaltais en lui le desir d'oublier les petitesses et les folies des hommes, leurs passions turbulentes et leurs vaines erreurs; pour se créer un asile au milieu des chefs-d'œuvre.

CHAPITRE II.

DU BEAU, DANS L'ACCEPTION GÉNÉRALE DE CE MOT.

Je m'arrête, avec surprise, à l'entrée même de la carrière que je dois parcourir. J'ai goûté les délices dont le beau pénètre à-la-fois nos sens et notre cœur ; maintenant je veux le définir, et mon esprit s'égare dans des idées confuses.

Lorsqu'on suit une discussion sérieuse, on juge bientôt que les hommes connaissent rarement la signification précise des mots qu'ils emploient. La plupart de nos expressions ressemblent à ces rouleaux de monnaie qui circulent sans être jamais comptés.

Pour découvrir les élémens dont le beau se compose, il faut examiner les objets sur lesquels il répand son éclat, et parvenir à discerner les qualités qui se retrouvent dans chacun d'eux. Mais nous accordons la beauté à des objets si variés qu'il paraît, au premier coup-d'œil, impossible d'apercevoir des qualités qui leur soient communes. Un discours, un temple, un morceau de musique, un orage, un arbuste, les êtres les plus divers reçoivent le nom de beaux.

Ce nom, en considérant sa signification la plus étendue, annonce seulement que les objets qui l'obtiennent ont, dans leur genre, une supériorité relative. Ainsi nous le prodiguons aux ouvrages des arts vulgaires, lorsqu'ils sont faits avec soin. Mais il est des arts élevés au-dessus de tous les autres, par la grandeur des difficultés qu'ils présentent, et la magie des effets qu'ils produisent; ceux-là seuls donnent à quelques ouvrages une prééminence frappante, et par conséquent la beauté véritable. La supériorité relative ne suffit point pour constituer le beau, tel que nous devons le concevoir; il faut encore qu'elle puisse porter de vives impressions à notre âme.

Le beau réel, celui qui fait naître l'enthousiasme et l'attendrissement, nous ravit surtout quand il se manifeste dans les actions des hommes; jamais il n'inspire des sentimens plus nobles, et la beauté par excellence est celle de la vertu. Le beau vient aussi nous captiver lorsque, en observant la nature, nos yeux s'arrêtent sur des tableaux pleins de fraîcheur ou sur des scènes imposantes. Enfin, nous l'admirons dans les arts privilégiés, dans les arts enchanteurs auxquels il a donné son nom. Telle serait la division d'un traité complet. Sa dernière partie doit seule m'occuper; cependant les deux premières m'offriront quelquefois des idées et des exemples qui serviront à prouver la théorie que j'ai dessein d'exposer.

CHAPITRE III.

DU BEAU DANS LES ARTS.

LES qualités qui produisent le beau sont à peu près les mêmes dans les différens arts. J'entrevois cette vérité au moment où j'observe qu'il est une impression dominante causée par tous les chefs-d'œuvre. Ecoutez l'Iphigénie de Racine, celle de Gluck; admirez l'Apollon; transportez-vous dans Rome ou dans Athènes, en récitant les harangues de leurs orateurs; ces ouvrages vous agiteront d'émotions différentes, mais tous élèveront votre âme. Pressé, par un ami des arts, de définir le beau, ou d'en donner au moins une idée, on s'énoncerait d'une manière vague, mais juste, en répondant : c'est ce qui élève l'âme.

Un sentiment plein de volupté nous émeut

quand notre âme s'élève, parce que nos facultés morales prennent alors une direction meilleure et des forces nouvelles. Ce sentiment s'éveille dans les instans les plus doux de la vie : les pensées généreuses, les actions magnanimes le développent, l'exaltent; nos vices le repoussent; et l'espoir de le goûter encore fait naître le calme heureux qui suit le repentir.

Tous les hommes éprouvent, au moins confusément, un besoin d'élévation. Mais, trompés sur les moyens de le satisfaire, ils s'épuisent en vains efforts; ils se disputent des richesses, ils briguent le pouvoir : on dirait qu'ils veulent une élévation matérielle, à défaut d'une élévation morale.

Le charme des beaux-arts résulte de ce qu'ils inspirent l'élévation qui convient aux facultés humaines. Plus un être est doué de sensibilité, de noblesse, mieux il jouit des prodiges des arts. Ces prodiges existent à peine, au contraire, pour les âmes que la nature fit étroites et froides, ou qui sont devenues telles par l'habitude d'occupations intéressées, minutieuses et serviles. Le beau ne peut les enchanter; c'est une douce lumière vainement répandue sur des yeux fermés à son éclat.

Il est nécessaire de connaître les effets avant d'oser expliquer leurs causes : nous avons vu quelle est l'impression du beau; cherchons à découvrir les qualités qui la produisent.

En se livrant à de telles recherches, il est deux routes pour s'égarer. Diderot, avec un ton dogmatique, nous dit : « j'appelle *beau* hors de moi, tout « ce qui contient en soi de quoi réveiller l'idée de « rapports; et *beau* par rapport à moi, tout ce « qui réveille cette idée. » Les froides explications de cette phrase obscure, ne peuvent éclairer ni les artistes, ni les philosophes. S'il fallait choisir entre des erreurs, je préférerais encore celles qui naissent d'une imagination poétique. Platon, dans le ravissement que la beauté lui cause, pour en dévoiler la source, interroge les secrets des Dieux. Il pense que les âmes existaient avant les corps; et que libres et pures, elles avaient des connaissances universelles, dont elles ont perdu le souvenir en revêtant une enveloppe grossière. Toutefois, ce souvenir peut être réveillé; et le tressaillement que nous éprouvons à l'aspect des chefs-d'œuvre, est produit par une réminiscence de la perfection suprême que nos âmes ont vue dans leur état d'indépendance et de pureté. Un tel sytème ne saurait soutenir le plus léger examen; mais le rêve de Platon est celui d'une imagination brillante, il pouvait inspirer les artistes. Dans nos recherches, évitons les deux genres d'erreurs : n'offrons, s'il se peut, ni d'arides calculs, ni de vaines chimères.

Gardons-nous aussi de plier les faits à nos opinions, et de vouloir former un système parfaitement régulier. Il est des qualités qui se retrouvent dans tous les chefs-d'œuvre; mais celles que je désignerai sont-elles les seules d'où naisse la beauté? J'apercevrai les plus remarquables; d'autres, moins importantes, m'échapperont peut-être. L'absence d'une des qualités sur lesquelles s'arrêteront mes regards, suffirait-elle pour que le beau disparût? Non, si les autres, élevées à un très haut degré, excitent encore un puissant intérêt. Je doute qu'un système sur le beau puisse jamais concilier les esprits, s'il ne laisse au lecteur quelque liberté d'ajouter ou de retrancher, selon sa manière de sentir, aux principes énoncés par l'auteur.

CHAPITRE IV.

DE LA GRANDEUR.

Une qualité physique est la première qui nous frappe dans les arts jugés par le sens de la vue. L'âme se proportionne, pour ainsi dire, aux objets qui l'entourent; c'est pourquoi nous aimons la grandeur des monumens.

Les rives du Nil ont vu cette grandeur déployer sa puissance. Nés sous un ciel dont l'éternelle sérénité paraît accroître l'étendue, sur un sol où l'œil se perd en mesurant l'uniforme immensité des plaines, les Egyptiens avaient besoin que leurs travaux fussent en harmonie avec les vastes théâtres qu'ils voulaient décorer d'édifices, d'obélisques et de pyramides. La nature qui les secondait, leur offrit des masses de granit effrayantes; ils taillèrent les rochers;

et l'Egypte vit la durée des monumens des arts s'associer à la durée du monde.

Si des géans semblent avoir vécu sur cette terre antique, des hommes dont le goût était pur et l'imagination brillante, ont habité la Grèce. Ils se montrèrent plus empressés d'embellir leur vie par les arts, que d'assurer à leurs demeures une éternelle existence. Employant les formes que l'œil parcourt avec le plus d'intérêt, ils s'éloignèrent de l'énorme pesanteur des constructions égyptiennes, sans chercher la frêle délicatesse qu'ont eue depuis les décorations des Arabes. Epris de l'élégance et de la noblesse, unissant toujours ces qualités, il donnèrent de justes bornes à la grandeur. On la retrouve avec un nouvel éclat dans les ouvrages des Romains, qui devaient étonner le monde par leurs monumens, comme ils l'avaient épouvanté par leurs armes. L'amour du beau s'est conservé sur leur terre natale : l'artiste qui vient de la visiter est blessé de nos compositions petites et maniérées ; il redemande ces lignes grandes et simples qui partout flattaient ses regards dans la riche Italie.

Un sentiment naturel, un besoin d'élévation, suffirait pour inspirer à l'homme le désir de porter la grandeur dans ses travaux. Ce désir est encore excité par la contemplation des œuvres de la nature. Tous les objets grands ou vastes impriment une sorte de respect. La vue d'un arbre très élevé, ou d'une plaine immense, ou d'une partie de l'océan nous étonne et nous émeut. Si l'arbre est antique, si la plaine est chargée de moissons, si l'orage bouleverse les flots, notre émotion redouble; il semble alors qu'une grandeur morale vienne s'unir à la grandeur physique pour agiter notre âme.

L'architecture est l'art où la grandeur matérielle est le plus nécessaire; parce que, si j'ose dire ainsi, c'est l'art où se trouve le moins de grandeur morale. Éclaircissons cette idée. L'architecture n'a pas d'autres moyens de plaire que l'étendue de ses ouvrages, la distribution des parties qui les composent, et les ornemens qui les enrichissent. Ses moyens de nous intéresser sont peu nombreux; tandis que la peinture en retraçant des actions, la sculpture en nous mon-

trant des figures animées, font naître une multitude d'idées, de sentimens qui parlent à notre
esprit, à notre âme, et captivent toutes nos facultés. Remarquons, cependant, que l'emploi
des grandes proportions est, dans la peinture
et la sculpture, un moyen puissant d'accroître
l'impression du beau.

Le dessin, par la juste combinaison des lignes,
trace des figures qui, malgré leur petitesse, paraissent grandes à l'imagination. Une statue de
quelques pouces, peut avoir les caractères de
force ou de majesté, auxquels on reconnaît Her-
cule ou Jupiter; mais j'ai besoin de l'examiner
quelque temps, la réflexion seule me révèle ses
beautés. Ainsi, les arts du dessin, lorsqu'ils se
restreignent à de petites proportions, perdent
l'immense avantage qui résulte d'un effet imposant produit dès le premier coup-d'œil.

Combien cette impression, subite et forte,
n'est-elle pas précieuse pour l'artiste qui veut
s'emparer de notre âme, et la remplir d'enthousiasme? Changez les proportions de l'Apollon
du Belvédère, réduisez-le à cinq pieds de hau-

teur, et vous l'aurez dépouillé de sa divinité.*

Des scènes de famille, des sujets tels que ceux qui valurent à Greuze la double réputation d'homme à talent et d'homme de bien, produiront tout leur effet sans occuper de grands espaces. Mais, en voyant un admirable tableau de chevalet qui représente un trait d'histoire, toujours je regrette que l'auteur ait négligé de prendre des proportions plus dignes de son talent. Je suis certain qu'il a senti le même regret, que souvent il a pensé à recommencer cet ouvrage; mais on se blase sur un sujet; la raison dit en-

* Ce serait, il est vrai, lui donner la hauteur la plus défectueuse. Quand les figures ont seulement quelques pouces, elles offrent une imitation évidemment inexacte; nous leur supposons bientôt des proportions plus grandes, et l'imagination peut même les rendre colossales. Quand l'artiste leur a donné quatre ou cinq pieds de hauteur, il semble les avoir dessinées telles qu'il les a vues; l'imitation ne s'éloigne plus assez du vrai pour exciter un travail de l'esprit; et, dans l'impossibilité d'agrandir ces figures mesquines, nous n'avons sous les yeux qu'une nature ignoble et basse. On pourrait citer quelques exceptions; elles sont très rares.

core ce qu'on pourrait tenter, l'imagination ne la seconde plus : il y a, dans les arts, des jours d'inspiration dont il faut profiter; ces jours ne reviennent point, ou du moins ne reviennent que pour des sujets nouveaux.

Tandis qu'on regarde le *Déluge* du Poussin, on ne saurait desirer à ce chef-d'œuvre quelque perfection nouvelle. Avec si peu de figures, et dans un champ si resserré, l'artiste nous fait concevoir la destruction du monde! Il est certain, cependant, que si l'auteur eût choisi de grandes proportions, l'effet de ce tableau serait encore plus subit et plus prodigieux.

L'étendue peut affaiblir le sentiment des défauts d'un ouvrage : alors l'impression de l'ensemble absorbe, pour ainsi dire, les impressions produites par les détails.

La colonnade du Louvre est l'objet de justes censures de la part des artistes. Perrault, disent-ils, fit une décoration de luxe, sans songer à l'utilité sur laquelle se fonde la véritable architecture; et les colonnes accouplées, dont il s'est servi, blessent le goût et la raison. Cependant cette

colonnade plaît par un caractère de grandeur ;
c'est un riche dessin qu'on admire sans pouvoir
ni réfuter ses critiques, ni l'offrir pour modèle.

Il semble qu'accoutumés aux formes simples
et nobles de l'architecture grecque, nous devrions
dédaigner les églises gothiques : nous les admirons encore. Les masses en sont belles, et leur
grandeur nous frappe dès le premier coup d'œil.
Arrêtés aussitôt devant ces vieux édifices, nous
considérons, avec étonnement, un mélange de
barbarie et d'élégance, de force et de fragi-
lité ; nous contemplons le prodigieux travail de
l'homme et les efforts de l'art. Notre imagination
s'émeut ; les souvenirs historiques et les idées confuses qui s'éveillent en foule à l'aspect de ces monumens, achèvent de leur donner le caractère
imposant, solennel, que leur destination exige, et
que ne peuvent leur ôter des ornemens frêles et
mesquins, multipliés avec une profusion bizarre.

Nous aimons la grandeur physique ; jugeons
toutefois cette qualité, et n'exagérons pas son
pouvoir. La grandeur présente à l'artiste un espace à remplir : qu'il le remplisse dignement,

il nous cause une sensation vive et profonde,
que nous n'eussions point éprouvée, s'il se fût
circonscrit dans d'étroites limites. Tel est le véritable avantage de la qualité qui nous occupe.
Un bâtiment dont elle fait le seul mérite, alors
même qu'il arrête l'attention, est au-dessous
d'un bel édifice, plus que l'architecture gothi-
que n'est inférieure à l'architecture grecque.
Enfin, si l'artiste attachait trop d'importance à
la grandeur, à l'étendue, ses conceptions devien-
draient extravagantes. Quand nous voulons déployer des forces exagérées, nous laissons voir
bientôt notre faiblesse; et le gigantesque est la
caricature du grand. Ce n'est pas de la force des
hommes, c'est de la puissance du génie que
les monumens doivent porter l'empreinte.

Les scènes imposantes de la nature nous ac-
cablent du poids de leur immensité; elles nous
rendent attentifs en nous parlant de notre néant.
L'homme, dit-on, est plein de contradictions;
le sentiment de sa grandeur l'enivre de volupté,
le sentiment de sa faiblesse a des charmes pour
lui. Cette contradiction n'est, je crois, qu'appa-

rente ; et peut-être, dans toutes les situations, notre âme est-elle ingénieuse à saisir quelques moyens de s'élever. Une femme s'énorgueillit de l'amant qu'elle idolâtre ; en le rendant l'arbitre de son sort, elle est fière de l'avoir pour appui. Quand nous nous prosternons à la vue des chefs-d'œuvre, cet abaissement n'est point absolu : désespérant de créer de semblables prodiges, nous aspirons à leur rendre le plus digne hommage. Confondus par les idées qu'inspirent les vastes scènes de la nature, nous nous humilions devant l'Auteur des êtres ; mais nous retrouvons encore de nobles émotions, en nous inclinant sous la main qui fit jaillir du chaos la lumière et les mondes ? Nous ne faisons point un calcul imposteur ; l'âme ne dit pas en secret, je veux m'élever, tandis que la bouche prononce, je fléchis ; mais un admirable instinct nous guide, et c'est parce qu'il y a de l'élévation dans cet abaissement, que nous ressentons un trouble qui nous plaît.

L'étendue paraît peu nécessaire à la beauté, dans les arts qui ne sont pas soumis au sens de la vue. Il semble que la poésie, la musique s'adressent directement à l'âme, et peuvent négliger des moyens de succès que les autres arts sont obligés d'employer. Je donnerai une raison plus juste : la poésie et la musique, faisant connaître successivement les différentes parties de leurs productions, ne sauraient devoir à l'étendue le même avantage que les arts dans lesquels les diverses parties d'un tout nous frappent en un instant.

Observons, cependant, que l'étendue peut ajouter au mérite des productions des arts qui paraissent d'abord la dédaigner. Concevoir un plan vaste, ordonner entre elles ses nombreuses parties, les embrasser constamment, afin de lier ce qu'on écrit avec ce qui précède, et de le rendre utile à ce qui doit suivre; inventer, unir et présenter une multitude d'idées qui concourent au même but, ces travaux exigent une vigueur d'esprit que ne demandent pas les morceaux de peu d'étendue, et qu'on voit avec étonnement se développer dans d'immenses poèmes.

Je ferais, sur la musique, des observations

analogues à celles qu'on vient de lire. Guidé
par l'amour du chant, on saisira peut-être un motif agréable ; mais le succès léger d'une romance
ne prouvera point qu'on doive tenter des compositions dramatiques. Les grands travaux exigent la force de réflexion et la durée d'inspiration, qui distinguent l'artiste de l'amateur.

Lorsqu'on veut porter au plus haut degré
les effets du beau, il est essentiel d'employer la
grandeur, l'étendue : c'est un cadre imposant
que le talent choisit; voyons les qualités qui
lui servent à le remplir avec succès.

CHAPITRE V.

DE LA VÉRITÉ ET DE L'IMITATION.

UNE sorte d'instinct nous dispose à vouloir connaître la vérité : j'en ai pour preuve cette curiosité toujours active, qui naît, se développe avec notre intelligence, et ne meurt qu'avec elle.

Le vrai nous cause un plaisir indépendant de son utilité, et même de toute réflexion. Si l'on découvre, dans les sciences exactes, un principe certain, l'émotion qu'on éprouve résulte, en partie sans doute, de ce qu'on vient d'exercer ses forces et d'obtenir un succès difficile; mais elle est produite aussi par la satisfaction qu'inspire le sentiment de l'évidence. En admirant les ouvrages des arts imitatifs, nous aimons à voir jusqu'où le génie peut atteindre pour embellir la nature; mais, sans calcul, nous jouissons de ces ouvrages à l'instant où nous nous écrions qu'il sont vrais.

Il existe, dans la vérité, je ne sais quel attrait essentiellement convenable aux besoins de notre âme. Laissons les métaphysiciens expliquer ce fait; il me suffit de l'observer, et partout j'en aperçois les preuves. D'ingénieuses fictions nous séduisent, des fables nous plaisent dès l'enfance, nous captivent jusque dans notre vieillesse : tandis que nous leur donnons notre oreille et notre cœur, la vérité fait encore reconnaître ses droits; et jamais de riants mensonges ne nous attachent mieux que lorsque la raison, agéablement abusée, peut les admettre pour vrais.

Les arts essaient de réunir tout ce qui doit flatter nos sens, charmer notre esprit, toucher notre cœur, enflammer notre imagination. Ils parcourent les champs infinis peuplés par les prestiges et les illusions; mais jugeant quel empire exerce la vérité, c'est d'elle qu'ils empruntent une partie de leur puissance.

Il y a des époques où l'on voit paraître des compositions singulières, enfantées par des imaginations bizarres et des cerveaux malades. Ces compositions dénuées de vérité frappent la multitude, excitent l'enthousiasme de quelques adeptes ; mais bientôt elles tombent pour jamais dans l'oubli. L'immortalité n'appartient qu'à des ouvrages vrais, parce qu'ils sont les seuls dont les hommes pourront, dans tous les siècles, reconnaître la beauté, en les comparant avec le modèle éternel.

Le système qui veut réduire les beaux-arts à un seul principe, l'imitation de la nature, est cependant sujet à des exceptions. Vainement chercherais-je quelques traces du vrai dans une symphonie, dans un air destiné seulement à flatter l'oreille. Je ne saurais y trouver d'imitation. Si l'on pense que le chant des oiseaux est le modèle des compositions mélodieuses sans expression déterminée, on s'abuse. Les passages où le musicien veut imiter le gazouillement des oiseaux sont faciles à distinguer ; et lorsqu'il crée les motifs heureux de ses chants vagues, il ne fait que suivre ses inspirations.

L'architecture forme encore une classe particulière; la vérité qu'on peut y reconnaître, ne résulte point de l'étude de la nature. Laugier a prétendu qu'une simple cabane est le type des plus somptueux édifices. Si j'essayais de prouver que l'architecture est un art d'imitation, je croirais nécessaire de remonter plus loin. Nos mains ont construit la cabane, et des antres furent les seules habitations des premiers hommes; mais un palais diffère tellement d'une grotte, qu'il serait absurde de placer l'artiste parmi les imitateurs. Je conçois qu'un palmier ait fourni le modèle de la première colonne, mais nos architectes n'iront pas, dans les forêts, s'instruire à donner aux colonnades plus d'élégance ou de noblesse : ils s'imitent souvent les uns les autres, ils n'imitent point la nature.

Quelques rapports seulement existent entre les beautés de l'architecture et la vérité. Nous desirons que les temples aient un caractère auguste ; nous serions choqués de voir une maison de plaisance dont l'aspect serait austère, une prison dont le dessin serait élégant et léger Nous blâmerions ces défauts de convenance :

et l'on doit sentir qu'il existe de l'analogie entre la convenance et la vérité.

Souvent la décoration de nos édifices offre des fautes grossières. L'œil est blessé, par exemple, lorsque dans un théâtre il voit des spectateurs périlleusement suspendus sur des draperies entre des colonnes. Enseigner que l'architecture n'a rien de vrai, ce serait approuver les absurdités de ce genre.

Je ferai remarquer une dernière exception au principe que les beaux-arts sont imitatifs. Quelquefois le poète, semblable alors à l'orateur, n'imite point, il exprime ce qu'il pense et peint ce qu'il éprouve. Ce n'est point la vérité d'imitation, c'est la vérité positive qui nous frappe en écoutant ces vers :

Que votre âme et vos mœurs, peintes dans vos ouvrages,
N'offrent jamais de vous que de nobles images.
Je ne puis estimer ces dangereux auteurs
Qui, de l'honneur en vers, infâmes déserteurs,
Trahissant la vertu sur un papier coupable,
Aux yeux de leurs lecteurs rendent le vice aimable.

Après avoir excepté la musique vague, l'ar-

chitecture et la poésie, quand elle ne décrit pas
des objets et ne fait pas parler des personnages,
j'adopte ce principe que les arts ont la nature
pour modèle.

L'imitation, dès qu'elle est vraie, nous cause
quelque plaisir. Les formes ignobles que retrace
Téniers doivent blesser les regards; cependant
on n'observe jamais sans intérêt les compositions
de cet artiste, parce qu'elles ont de la vérité.
De tels ouvrages sont-ils beaux? Oui, si l'on
donne à ce mot le sens le plus étendu : ils ont,
dans leur genre, une supériorité relative. Mais
l'homme accoutumé aux charmes de l'antique,
celui qui prononce avec reconnaissance le nom
de beau, près des objets qui donnent de l'élévation à son âme, celui-là se borne à dire des
compositions flamandes qu'elles sont gaies et
naturelles.

Les imitations triviales font remarquer une
différence très sensible entre la poésie et la
peinture. Si l'on versifie le langage plat et gros-
sier de la dernière classe du peuple, en supposant qu'on nous égaye, nous rirons avec une

sorte de honte. Comment avons-nous plus de délicatesse et de sévérité pour un art que pour l'autre? La parole nous semblerait-elle plus noble que le pinceau? et serait-il, en conséquence, permis à la peinture de descendre, sans s'avilir, à des sujets qui dégradent la poésie? Tous les arts sont enfans des Muses, et ne sauraient briller d'un vif éclat, s'ils ne conservent une certaine pureté. La raison de la différence que nous venons d'observer est, sans doute, que la représentation de la nature triviale a, dans la peinture, des difficultés assez grandes pour annoncer du mérite; tandis que, dans ces productions qu'à peine ose-t-on nommer littéraires, elle peut être offerte par des hommes du plus médiocre talent.

La beauté réelle appartenant aux seuls ouvrages qui peuvent élever notre âme, le poète et l'artiste doivent choisir des sujets toujours dignes d'émouvoir et de plaire. J'examine les chefs-d'œuvre composés d'après ce principe, et j'y trouve différens genres d'imitation.

Quelquefois le poète nous fait voir la nature

presque sans ornemens empruntés à l'art ; mais heureusement choisie, et peinte avec tant de fidélité qu'on tressaille en la reconnaissant. C'est cette manière de la reproduire qui rend si belles, dans leur antique simplicité, plusieurs scènes d'Homère, de Sophocle et d'Euripide.

Souvent les arts du dessin nous plaisent par ce genre d'imitation ; ce n'est plus la beauté triviale de Téniers, ce n'est pas encore la perfection idéale de Raphaël. Je m'arrête à la vue du tableau de Le Sueur, qui représente saint Bruno lisant une lettre. Le saint est debout, il lit avec attention ; sa physionomie est calme, son attitude est la plus simple qui se puisse imaginer. Cette figure attire mes regards, je la considère long-temps, épris de sa vérité. Un tableau du même maître représente deux novices au moment de recevoir l'habit des chartreux. La physionomie de l'un exprime la béatitude, celle de l'autre est empreinte d'une terreur religieuse. Ces deux figures n'ont rien d'idéal ; l'artiste semble les avoir dessinées telles qu'il les a vues, leur vérité frappe et saisit.

On produit nécessairement de l'effet lorsqu'on expose à nos yeux, sur la toile, des attitudes, des physionomies qui paraîtront vraies à tous les hommes. Il n'en est pas de même si, au lieu d'une ressemblance que j'appellerais générale, les figures ont seulement une ressemblance particulière : telle est celle d'un portrait, qui peut satisfaire les amis du modèle, et blesser les admirateurs de l'art. Le tableau d'histoire qui doit son mérite à la représentation exacte des personnages, des costumes et des sites, est un bien médiocre tableau. On nous intéressera sans doute en peignant Molière et ses amis dans Auteuil, ou Voltaire environné du respect de ses confrères à l'académie française; la fidélité scrupuleuse, dans de pareils sujets, sera peut-être demandée par les gens de lettres : mais alors ces peintures intéresseront par des souvenirs historiques, plus qu'elles n'enchanteront comme ouvrages de l'art. Pour composer des tableaux, il est essentiel que l'artiste s'éloigne de la vérité particulière, appréciée de peu de personnes, difficile à concilier avec le beau, et qu'il s'élève à cette vérité générale que tous les hommes savent sentir et goûter.

La musique dramatique a besoin de chants expressifs; je ne crois pas, cependant, qu'elle puisse offrir le genre d'imitation le plus exact. Elle ajoute aux paroles, elle les embellit, leur donne un charme puissant et vague, et s'éloigne ainsi d'une imitation très simple. Vouloir qu'elle fût plus fidèle, ce serait vouloir la réduire à n'ê-tre qu'une déclamation notée. On détruirait ses prestiges, sans la rendre parfaitement vraie ; il est dans sa nature que son expression ait quelque chose d'idéal.

Un homme d'esprit me disait qu'au théâtre la musique peut faire entendre l'imitation la plus exacte, lorsque la situation des personnages les oblige à chanter. Cette idée n'est que spécieuse. La manière d'amener un morceau de chant peut ajouter à son effet, mais elle est sans influence sur le vrai en musique; parce que la vérité, pour le compositeur, naît du rapport des sons qu'il choisit avec les sentimens qu'il veut peindre. Au troisième acte du *Guillaume-Tell* de Sedaine.

les insurgés du canton d'Uri s'assemblent, dans
une forêt, avant le jour. En attendant que des
feux allumés sur les montagnes donnent le si-
gnal du combat, Tell demande au vieux Melchtal
la chanson de Roland; et le vieillard aveugle fait
entendre ce chant de guerre. Le spectateur serait
sans doute moins ému si Tell haranguait les
braves qui l'environnent, et que son discours
fût mis en musique. Mais on doit au poète le
naturel de la scène que je viens de citer; le
compositeur eût répandu sur l'air de Guillaume-
Tell autant de vérité qu'il en donne au chant de
Melchtal *.

Nous avons observé des imitations simples
et naïves; d'autres sont idéales. Le statuaire qui
veut créer une figure enchanteresse, choisit,
corrige, réunit des traits épars. Son ouvrage est
vrai, puisque les diverses parties dont il est
formé se trouvaient dans la nature, et n'atten-

---

* L'art musical peut imiter différens bruits avec une fidélité parfaite; quelquefois il cause ainsi une surprise agréable,
plus souvent il n'obtient que des effets puérils.

daient que les lois du génie pour s'unir; il surpasse la vérité, puisqu'un ensemble si beau
n'existait nulle part. Le même travail, les mêmes
résultats, peuvent être observés dans les productions du poète. Ce favori des muses, consultant
nos plaisirs, modifie les caractères, les actions,
les pensées; il enchaîne les faits de manière à
nous intéresser toujours; il rend les situations
de ses personnages plus douces ou plus terribles;
les prodiges naissent à sa voix, et la terre est
peuplée des merveilles du ciel.

La raison met cependant des bornes au pouvoir d'embellir les objets qu'on imite. L'auteur
ose-t-il blesser des idées consacrées? l'amour
du vrai nous avertit qu'il nous trompe, et le
plaisir s'affaiblit ou s'éteint. La magie du poète
ne saurait transformer en bons rois les tyrans.
Socrate, sous le pinceau de l'artiste, doit conserver quelque chose de la laideur de ses traits.
Des sons mélodieux cessent de nous flatter,
quand le sujet exige qu'ils deviennent moins
doux et plus expressifs. Ainsi, la voix du plaisir
même nous rappelle à l'amour de la vérité.

L'imitation idéale a plus de puissance que l'imitation naïve pour élever notre âme. Les productions de Le Sueur me charment; mais si l'on déroule à mes yeux un tableau de Raphaël, j'éprouve des émotions plus nobles et plus ravissantes. J'admirais un grand homme; celui dont l'ouvrage m'est offert maintenant est plus qu'un mortel. Le premier peignait l'humanité, celui-ci fait apparaître à nos regards des êtres divins. Sans l'imitation idéale, les arts languiraient dépourvus de poésie; et l'homme ignorerait à quel point ils peuvent lui faire oublier sa faiblesse, en le transportant dans des régions célestes.

Une observation sur laquelle doit méditer l'homme que son génie appelle à cultiver les arts, c'est qu'un mélange de beauté naïve et de beauté idéale est la source des effets les plus enchanteurs. Si l'on ne s'attache qu'au premier genre d'imitation, les traits originaux et frappans seront mêlés à des idées communes ou même triviales. Si l'on veut, au contraire, toujours surpasser la nature, il y aura dans les productions des arts, je ne sais quoi d'apprêté, de contraint, qui ne leur permettra point de toucher profondément les âmes. Mais l'ouvrage, où se réunissent les deux genres d'imitation, doit plaire à jamais. Que les formes d'une statue aient une beauté dont le modèle n'existe point sur la terre, et que cette figure, par son attitude très simple, soit parfaitement naturelle, nous la verrons avec délices. Ce mélange d'idéal et de naïveté fait le charme des statues antiques.

L'Odyssée m'intéresse vivement par ce même mélange de simplicité et de noblesse. Ulysse revient sur une terre ingrate; ses traits sont effacés du souvenir de ses anciens serviteurs; il n'est reconnu que par son chien qui est abandonné à la porte du palais, et qui meurt en faisant effort pour se traîner vers lui. A côté d'une scène si touchante dans sa simplicité, se trouvent des scènes admirables par leur élévation. Lorsque Ulysse, exerçant une juste vengeance, fait tomber les poursuivans sous ses coups, il respecte celui qu'inspire le génie poétique, il épargne Phœmius dont la voix et la lyre animaient les festins; le chantre aimé d'Apollon trouve grâce devant le monarque outragé.

Le système d'imitation des Grecs, réunissant des beautés simples et toutes les richesses de la poésie, est à mes yeux le plus parfait que les hommes aient imaginé. Les nations de l'Europe ne s'accordent point entre elles sur le mérite des littératures modernes; mais elles sont d'accord pour admirer la littérature grecque. Toutes se sont éloignées cependant du système des poètes de l'Attique ; les unes ont trop dédaigné de choisir, les autres ont trop orné peut-être les sujets sur lesquels s'exerçait leur génie.

Shakespeare sait peindre fidèlement, et la vérité de ses hardis crayons garantit la durée de sa gloire. Voulons-nous oublier ses défauts? considérons-le comme un moraliste qui fait passer sous nos yeux, dans d'immenses tableaux, une foule de situations de la vie et d'états de la société. Shakespeare est un des plus profonds observateurs de l'homme. Mais, considéré comme auteur dramatique, il néglige trop de choisir les objets qu'il imite; son mélange de scènes burlesques et de scènes atroces, ne satisfera jamais un goût éclairé * ; et la grossière contexture de ses drames, atteste qu'il cultivait un art encore dans l'enfance.

Les formes de la tragédie française, si je puis dire ainsi, ont été choisies par Racine que son génie faisait exceller surtout à rendre ses plans très réguliers et son style toujours magique. On vit passer, dans les caractères et les discours de ses héros, la dignité polie dont une cour brillante répandait l'habitude. On applaudit ce goût épuré, cette délicatesse exquise, ce soin continuel d'élégance qui vient embellir chaque scène, et fait naître un doux enchantement. Les Français ont perfectionné diverses parties de l'art dramatique ; mais ils sont moins simples et moins touchans que les Grecs.

Cependant on s'abuse, si l'on croit que nos poètes sont toujours étrangers à l'imitation naïve de la nature. Corneille m'offrirait de nombreux

---

* Les esprits faux qui confondent ce bizarre et monstrueux mélange avec celui dont je fais l'éloge, loin de perfectionner l'art, le dégradent et l'entraînent vers la barbarie.

exemples pour combattre cette erreur. Racine a créé le chef-d'œuvre de la tragédie ; jamais le mélange des deux genres d'imitation ne produisit plus d'effet que dans Athalie, où l'auteur, faisant parler Eliacin et Joad, réunit avec un art si parfait le ton de la poésie pastorale et les accens de la poésie lyrique.

Pour compléter ce chapitre, il me reste à parler d'une dernière espèce d'imitation qui paraît d'abord s'éloigner entièrement de la vérité. Le poète et l'artiste, en nous promettant de vives jouissances, nous demandent d'admettre certaines conditions, sans lesquelles, privés de grands moyens de succès, ils ne sauraient enchanter notre esprit et nos sens.

Qu'on proscrive les vérités de convention, il faudra renoncer à la musique dramatique. Deux personnes n'ont pas la folie de se communiquer en duo leurs projets, leurs espérances ou leurs craintes. On chante quelquefois dans la tristesse ; on n'exprime point par des chants sa haine et sa colère.

Examinons froidement une tragédie, nous

serons surpris de voir combien de suppositions il est nécessaire d'admettre pour qu'un tel poème existe, et puisse occuper nos loisirs. Ce langage divin, qui donne tant d'éclat aux pensées, ne fut jamais parlé sur la terre. L'action, méthodiquement divisée, présente cinq parties à peu près égales. Deux heures deviennent un jour, une nuit s'écoule en un instant. Il faut tolérer des rôles de confidens, des *a parte*, des monologues. Le fer meurtrier atteint un personnage, on va sans doute lui prodiguer des secours; non, il parle et meurt en parlant.

Les prosateurs eux-mêmes ont des licences que justifient nos plaisirs. Scrupuleux défenseur de l'équité, l'historien doit surtout être vrai; on croirait d'abord que la raison va le priver d'imagination : cependant il s'anime, il veut plaire en instruisant; et nous l'applaudissons lorsque, devenant orateur, il fait entendre les discours que ses héros n'ont jamais prononcés.

La nudité de Laocoon n'a rien qui nous blesse. Cependant le prêtre de Neptune était revêtu d'un costume lorsqu'il offrait des sacrifices. Eh! qu'im-

portait à l'artiste? Les vêtemens étaient dans le
marbre; il les a fait tomber, afin d'étonner les
regards par la majesté de ces formes, sans lesquelles il ne pouvait créer un chef-d'œuvre.
Trop souvent notre raison timide réprouve des
libertés de ce genre, quand elles ne sont pas
consacrées par le génie des siècles antiques.
Ainsi, lors de l'exposition du tableau des Sabines, à la vue de ces deux rois dont l'un brille
de la vigueur de la jeunesse, dont l'autre a toute
la force de l'âge mûr, dont l'un nous offre la
beauté d'un fils des dieux, et l'autre celle d'un
fils des hommes, au lieu de contempler avec
enthousiasme ces nobles figures, de froids critiques s'aperçurent qu'elles étaient nues. *

Les défauts de la statue de Desaix ne résul-

---

* Je respecte les scrupules des personnes qui considèrent,
sous le rapport des mœurs, la nudité dans les arts du dessin.
Je n'ose entrer dans des détails qui prouveraient aisément
qu'on peut allier la décence et la nudité. Les Christs sont
à peu près nus. Le tableau des Sabines méritait un reproche
qu'on lui fit à sa première exposition, et ne le mérite plus
aujourd'hui.

taient point de sa nudité, qui pouvait au contraire servir le talent de l'artiste; et l'on doit
regretter que cet essai d'une heureuse innova-
tion ait été sans succès. Je n'ai entendu critiquer
qu'avec des raisonnemens pitoyables la nudité
de cette statue; les objections se réduisaient à
lui reprocher un défaut de convenance. Pour
être appréciés avec justesse, les arts veulent être
jugés avec enthousiasme. On sait combien le nu
est favorable à la beauté des formes, sans laquelle
les arts du dessin languissent dégradés. Quand
le statuaire représente un héros qui n'est plus,
pourquoi le couvrirait-il d'un inutile vêtement?
Ce héros a quitté la terre, une imagination poétique le voit dans l'Élysée ou dans l'Olympe, au
rang des demi-dieux : quels vêtemens sont les
siens? L'artiste voudrait ne lui rendre rien de
terrestre, et suit une convenance parfaite lorsque, employant la nudité, il dévoile à nos yeux
des formes pures et divines. La postérité con-
fondra, dit-on, les héros de tous les pays, si
des vêtemens ne les distinguent. Je crains que
jamais elle ne soit embarrassée pour prononcer

sur les ouvrages des hommes qui font une si vaine objection. Créez des chefs-d'œuvre, dût-on un jour les confondre avec ceux des Grecs; et la gloire de votre nom se perpétuera d'âge en âge. Faut-il vous rassurer encore? L'imprimerie, dans tous les siècles, ouvrira ses trésors aux érudits : le monument le plus frêle en apparence, un livre, est destiné à survivre aux monumens d'airain.*

* M. Quatremère de Quincy a donné des raisons très justes en faveur de la nudité, même quand on l'emploie pour représenter de grands hommes vivans.

« Tel habillement et tel mode de vêtement, scrupuleuse-
« ment copié, est ce qui particularise l'homme comme étant
« l'individu de tel âge, de telle ville, de tel pays. La nudité,
« et avec elle j'entends aussi toute espèce d'ajustemens
« et de draperies idéales et arbitraires, est ce qui tend le
« plus possible à généraliser l'image de la personne repré-
« sentée.

« Qu'est-ce que fait l'art qui emploie, à l'égard d'un con-
« temporain, ce dernier moyen? Il répète ce que proclame
« sur son compte l'opinion publique.

« Est-ce que la célébrité qu'acquiert un homme, par son
« mérite ou par ses actions, ne le fait pas sortir du cercle

Consultant l'amour du beau et l'intérêt des arts, non l'esprit de système, je reconnaîtrai que la peinture admet, moins facilement que la sculpture, la vraisemblance de la nudité. Un héros représenté par le statuaire est isolé; tandis que, dans un tableau d'histoire, il fait partie d'une action. Je desire que les peintres, lorsqu'ils veulent nous ravir par la perfection des formes, choisissent des sujets où la nudité soit vraie. Néanmoins tolérons quelques licences fécondes en beautés. Adoptons sans peine les raisons plausibles qui servent à les justifier, et n'ayons

« étroit de la société dont il est ou dont il fut membre?

« Le système de la nudité ou de l'ajustement idéal, pro-
« duit à l'égard de sa représentation le même effet. Il trans-
« porte à l'homme physique cette existence générale, que la
« renommée avait acquise à l'homme moral dans l'opinion
« publique. C'est une manière de dire aux contemporains,
« de dire aux âges futurs que tel individu a cessé d'être
« l'individu de telle ville, de tel temps, et qu'il est devenu
« l'homme de tous les âges et de tous les pays. »

(Archives littéraires.)

pas, pour des scènes antiques, la même sévérité que pour les faits récens.

C'est notre cœur et notre imagination qui doivent juger d'abord les chefs-d'œuvre des arts. La raison procède ensuite à leur examen; mais loin de s'abaisser à devenir scrupuleusement analytique et minutieusement exacte, elle doit approuver les vérités de convention qu'elle ne pourrait bannir sans nous ôter de vives jouissances.

Qu'on ne m'accuse point de négliger les droits de la raison. Je crois avoir prouvé que, si l'on excepte un genre de musique absolument vague, la vérité, plus ou moins fidèle, plus ou moins ornée, est toujours une des sources du beau dans les arts.

CHAPITRE VI.

DE LA SIMPLICITÉ DANS LA POÉSIE [*].

L'AMOUR du vrai dispose à l'amour de la simplicité. Pourquoi les ouvrages qui portent l'empreinte de ces qualités, inspirent-ils un sentiment d'élévation très vif aux âmes dignes de connaître le beau ? C'est, je pense, qu'une âme naturellement grande nourrit déjà ces qualités en elle-même. Vraie, simple dans ses actions et dans ses discours, elle revoit avec fierté, dans les monumens du génie, les qualités dont elle a pris le goût et l'habitude.

Par quel prodige alors les embellissemens don-

[*] Plusieurs chapitres me seront nécessaires pour considérer les rapports de cette qualité avec les différens arts.

nés à la nature, les fictions brillantes, les mensonges ingénieux peuvent-ils aussi l'intéresser? Les embellissemens qui lui plaisent viennent orner le vrai, et ne sont jamais dépourvus de simplicité. Ensuite, une belle imagination a des rapports intimes avec une belle âme. Cette faculté qui dissipe nos peines, qui nous éloigne de la terre, et nous transporte dans un monde meilleur, est souvent nécessaire pour conserver des idées pures et des sentimens généreux.

Peut-être l'explication que j'ai donnée paraît-elle subtile; peut-être, au premier coup-d'œil, n'aperçoit-on pas de relation entre les qualités que nous admirons dans les monumens, et celles que nous portons en nous-mêmes. Une seconde observation peut facilement justifier ma théorie. Quand les mœurs sont dépravées, les arts se dégradent, parce que la vérité et la simplicité n'existant plus au fond des âmes, les beautés simples et vraies ne seraient plus senties; les arts se dégradent, afin de conserver avec nous l'analogie, sans laquelle ils cessent d'être applaudis.

En observant combien les belles statues, les chants expressifs, les pensées nobles doivent d'attrait à la simplicité, on peut croire l'amour de cette qualité naturel aux hommes. Cependant, le goût est nécessaire pour sentir le charme que la simplicité d'invention répand sur un poème. Quand la littérature est dans l'enfance, ses productions doivent être compliquées, parce qu'il est plus facile de composer ainsi; et parce que des lecteurs ou des spectateurs, dont l'esprit n'est pas encore exercé, apprécieraient peu le développement d'un sujet, et les nuances habilement saisies pour peindre les caractères et les mœurs. Qu'on juge, d'après ces observations, si les étrangers suivent un système plus éclairé que le nôtre; s'ils perfectionnent nos drames, lorsqu'ils en compliquent la fable, pour les transporter sur leur scène.

La simplicté est tellement importante que, souvent, c'est elle qu'on demande sous des noms différens. Analysons avec justesse, nous verrons qu'elle est l'unité dans la conception du poème, l'ordre dans l'arrangement de ses nombreuses parties, l'absence de recherche et d'affectation dans la manière d'exprimer les pensées.

Sans doute quelques chefs-d'œuvre sont dépourvus d'unité; et je distinguerais même deux sortes d'imaginations créatrices. L'une brillante, légère, effleure des sujets variés, et multiplie, par sa fécondité toujours nouvelle, les évènemens, les situations, les personnages et les tableaux. Telle est l'imagination du chantre de Roland. Plus puissante et presque divine, l'autre nous entraîne en développant une seule pensée : telle est l'imagination qui créa l'Iliade.

L'esprit peut aimer à voir la gaîté répandre ses grâces et sa folie sur divers sujets; mais l'âme ne saurait s'attacher à plusieurs objets à-la-fois. Observons, d'ailleurs, que l'absence d'unité dans quelques ouvrages rians est une exception, souvent un défaut; je croirais seulement que l'unité leur est moins nécessaire qu'aux productions graves ou pathétiques. Celles-ci, exigeant une attention soutenue, ont besoin, pour ne point fatiguer, d'être simples. Ensuite, ces productions veulent de la noblesse; et le sujet qui remplit seul toute l'âme, surpasse en grandeur divers sujets réunis qui viennent tour-à-tour l'intéresseret la distraire. Enfin, le poète doit satisfaire le sentiment qu'il éveille; et l'attendrissement est moins prompt à changer d'objet que la gaîté.

L'ordre dans la distribution des parties d'un ouvrage, est la simplicité considérée sous un autre rapport. J'ai fait souvent cette réflexion : si les Français étaient aussi légers, aussi frivoles qu'on le suppose, on ne les verrait publier que des essais ou règnerait le désordre; au contraire, leurs ouvrages sont, en général, pleins de méthode. Les bons livres des étrangers offrent des connaissances variées, des idées neuves; mais, presque toujours, confusément assemblées. Nos auteurs, par l'enchaînement des idées qu'ils présentent, savent rendre la lecture de leurs écrits instructive et facile. L'ordre sera d'autant moins sévère que le sujet appellera plus d'inspiration; mais on veut toujours, entre les pensées, assez de liaison pour qu'on puisse les suivre sans effort. Un poème est simple quand la confusion en est bannie, puisque l'esprit parcourt, sans être arrêté, ses diverses parties, et peut ensuite juger facilement leur ensemble.

Lorsque du plan d'un poème on passe à ces détails qui rendent le style enchanteur, on voit le naturel communiquer la vie aux qualités dont ils brillent; et partout où se trouve le naturel, il existe quelque simplicité.

Les vers très simples sont ceux qui font couler des larmes. Si les pensées n'étaient jamais plus ornées, le style languirait, deviendrait prosaïque, on n'entendrait point le langage des dieux. Mais, dans les vers riches de couleurs poétiques, nous demandons une sorte de simplicité que donnent le naturel des expressions et des tours, et la facilité avec laquelle l'auteur semble les employer. Cette simplicité caractérise le poète. Beaucoup de versificateurs imaginent des métaphores, des alliances de mots, qui ne sont dépourvues ni de force, ni d'éclat : le goût les rejette, parce qu'elles manquent de justesse, et laissent voir la prétention de les rendre étonnantes. Où retrouver l'art de Racine? Il y a

quelquefois de l'audace dans sa manière de peindre les pensées; mais nous avons besoin de réflexion pour découvrir la témérité du poète; et
l'étonnement qu'elle nous fait éprouver, achève
de nous satisfaire.

> Dis-leur ce que tu vois; et de toute ma gloire,
> Phœdime, conte-leur la malheureuse histoire.

Ces vers paraissent simples, ils sont naturels
comme le sentiment qui les inspire. Rapprochons
ces mots *la malheureuse histoire de ma gloire*,
et nous sentirons leur admirable hardiesse.

Lorsqu'on écrit, s'il ne fallait qu'être neuf, le
succès serait peu difficile sans doute; l'extrava-
gance et la bizarrerie produisent des nouveautés.
Il faut être neuf et simple : quelques esprits su-
périeurs ont seuls le pouvoir d'unir ces qualités.
Racine se crée une langue; il la forme en com-
binant, d'une manière nouvelle et juste, les élémens que lui présente le langage ordinaire : il
est hardi, parce qu'il offre des combinaisons in-
connues; il est simple, parce que les richesses
qu'il déploie naissent avec tant de bonheur du

génie de notre langue, qu'on s'étonne de ne les
avoir pas découvertes soi-même.

> Ah! si vous aviez vu par combien de caresses,
> Il m'a renouvelé la foi de ses promesses!

> Déjà de ma faveur on adore le bruit.

Racine fait entendre un langage que lui seul a
parlé; et, cependant, quelle simplicité dans le
merveilleux artifice de ces vers!

Une multitude d'observations littéraires viendraient ici se placer : mais je ne traite point
d'un art en particulier; je dois les parcourir tous,
en y cherchant les qualités dont le beau se compose.

CHAPITRE VII.

DE LA SIMPLICITÉ DANS LES ARTS DU DESSIN.

Quand on rapproche de la poésie les arts du dessin, combien ils paraissent bornés dans leurs moyens de porter des idées à notre esprit, et des émotions à notre âme! Ils ne peuvent, dans le récit d'une action, saisir qu'un instant pour la représenter; et, cet instant choisi, les personnages y restent à jamais sans mouvement et sans voix. On doit juger que le peintre obtient difficilement la clarté; et que, pour se faire comprendre, il a besoin de sujets simples.

Nous ne voulons pas que les momens destinés à jouir d'un tableau, soient péniblement perdus à chercher ce qu'il signifie. Toutes les beautés du dessin, du coloris, peuvent exister dans les allégories; le goût n'en réprouve pas moins ces compositions souvent inintelligibles, ces froides énigmes de la peinture. *

Les obstacles que le peintre rencontre en essayant d'être clair, me disposent à penser que les faits connus des hommes instruits, sont ceux qu'il doit de préférence emprunter à l'histoire. Les autres ont nécessairement quelque obscurité, puisqu'ils laissent ignorer les noms des personnages; toutefois, en les traitant, l'artiste peut encore nous intéresser et nous plaire.

Les plus habiles pantomimes ne sauraient

* Un artiste avait pris la peine de composer une allégorie pour le frontispice de je ne sais quel ouvrage. Peu de mois après, quelqu'un lui montra la gravure de son dessin, et lui demanda ce qu'elle signifiait. Il l'examina long-temps, et la rendit en disant : *Je ne m'en souviens plus.*

Ailleurs, je ferai une exception en faveur de quelques allégories ; ici, je me borne à dire qu'il ne faut pas accuser légèrement les peintres célèbres qui ont abusé de ce genre de compositions. On se trompe, si l'on suppose qu'ils avaient l'intention de faire les beaux esprits ; la plupart étaient séduits par les ressources que des êtres fabuleux leur offraient pour peindre le nu et reproduire de belles formes.

nous apprendre leurs noms; mais on les applaudit, quand l'action qu'ils représentent est facilement comprise : il en est de même des êtres que
le peintre fait revivre dans ses scènes muettes.
Supposons que j'ignore l'histoire d'OEdipe et
d'Antigone; un tableau qui les offre à mes yeux
m'intéressera, si leur expression est vraie. Je
me dirai : ce vieillard vénérable, dont le front
porte l'empreinte des longs revers, est tombé
sans doute d'un rang éclatant. Cette femme,
jeune, timide, adoucit pour lui le poids des ans
et du malheur; il la bénit, en conjurant le ciel de
veiller sur le modèle de la piété filiale. Quelquefois on est ému par les sujets qu'on s'explique
d'une manière imparfaite; la situation où l'on se
trouve alors, ressemble à celle de l'homme qui,
voyant des étrangers malheureux, s'attendrit sans
connaître ni leurs noms, ni leurs peines.

Les sujets d'invention se feront comprendre,
s'ils sont très simples; si les figures, par leur
expression, réveillent des idées que l'âme sait
entendre; et si des accessoires, habilement choisis, facilitent encore l'intelligence de la scène. Un

artiste célèbre qui, dans l'âge des études, obtint des triomphes, nous montra les moyens d'être clair, portés au plus haut degré, lorsqu'il nous fit admirer son *Marcus Sextus*. A la vue de cet homme immobile et muet de douleur, tenant la main glacée d'une femme, tandis qu'une jeune fille embrasse ses genoux qu'elle baigne de larmes, chacun reconnaît un époux, un père frappé d'une horrible stupeur. Ses vêtemens en désordre, son casque et son bâton jetés à terre, annoncent le voyageur, l'exilé de retour; il venait retrouver le bonheur, et la mort est dans sa maison!

D'admirables tableaux retracent des actions où les personnages sont très multipliés; je ne puis penser, néanmoins, que les actions de ce genre soient celles que le peintre doit préférer. Son talent pour distribuer les objets sur la toile, ne remédie qu'imparfaitement au défaut qui résulte de leur nombre. Ses pinceaux éblouissent la vue plus qu'ils ne touchent l'âme. L'attention est arrêtée, d'abord, par les objets placés sur le premier plan; mais on voit involontairement les autres; bientôt on les examine, et l'on sent naître les distractions, l'embarras et la fatigue.Pour que les tableaux soient pathétiques et frappans, je crois qu'en général il faut les composer de peu de personnages.

Le sujet qui, plus que tout autre, paraissait exiger des figures nombreuses, dont les traits et les attitudes fussent tourmentés par l'épouvante, le désespoir et la rage, c'était sans doute le déluge. Quelle pathétique simplicité dans la composition du Poussin! Un ciel mort, la terre couverte d'eau ; une seule famille vivante, deux cœurs qui palpitent encore d'amour pour un enfant prêt à périr : voilà les débris du monde !

Le poète nous émeut faiblement par ses descriptions des horreurs de la famine ou de la guerre; mais lorsque choisissant un fait particulier, il en met sous nos yeux la victime, nous pleurons. Le même art doit être employé par le peintre.

Je suppose que celui-ci fait choix d'un sujet facile à concevoir, qu'il emploie peu de personnages , afin de réunir plus d'intérêt sur eux; qu'il rejette les idées qui pourraient compliquer, embarrasser la scène : la simplicité lui prescrit encore d'éviter que l'expression des mouvemens de l'âme soit exagérée. De cette condition remplie naissent d'admirables beautés dans les arts du dessin.

Les artistes ainsi que les poètes, révèrent l'antiquité, et dirigent leurs regards vers elle pour obtenir l'inspiration des muses. Les statuaires grecs ont répandu sur leurs ouvrages la beauté idéale; il semble que des divinités, quittant l'Olympe, soient venues leur offrir le modèle d'une perfection inconnue sur la terre. C'est l'amour de la simplicité qui leur révéla le secret de produire des figures célestes. Ils ne donnent souvent aux physionomies que l'émotion nécessaire pour les animer; et la sérénité, compagne de la force et de la grâce, laisse à des formes parfaitement belles toute leur pureté.

Lorsque ces hommes de génie représentèrent la douleur, ils la rendirent d'autant plus touchante qu'ils évitèrent de la rendre hideuse : Laocoon ne perdit point sa majesté, et Niobé conserva ses charmes. Les Grecs modéraient toutes les sensations qui peuvent altérer la beauté; jamais ils n'ont fait rire Démocrite, ils le faisaient sourire. Leur talent obtenait des effets puissans avec des moyens faibles en apparence; tandis que sous le ciseau du statuaire médiocre, des moyens exagérés produisent des effets puérils.

La Vénus de Médicis est un heureux modèle de ce calme, exempt de froideur, qui ravissait les Grecs. C'est Vénus sortant des flots, Vénus au jour de sa naissance. La candeur embellit sa physionomie sereine; un léger mouvement des paupières donne à ses yeux une expression douce, et sa bouche entr'ouverte semble respirer un desir incertain. Cette statue ne pouvait être imposante ; son premier aspect ne m'a point saisi ; mais plus je la considère, plus je vois éclore de perfections nouvelles, plus je rends hommage au génie de l'artiste, aux charmes de la jeune déesse. Oui, si telle fut Galatée, je conçois que Pygmalion, dans ses rêves d'orgueil et d'amour, ait cru la voir animée par les dieux.

La Baigneuse de Julien * mérite des éloges;
mais combien ils s'abusent ceux qui disent, en
la voyant : cela est beau comme l'antique! Il
serait facile de critiquer, sous plusieurs rapports,
cet ouvrage; je ne ferai qu'une observation. La
jeune baigneuse entend du bruit; l'étonnement
et la crainte se montrent dans ses yeux arrondis,
et par conséquent déformés. Pourquoi ne pas
suivre une idée plus simple? Cette figure plai-
rait davantage encore, si le trouble n'altérait pas
ses traits, si la naïve baigneuse descendait vers
le ruisseau avec le calme et la sécurité de l'innocence.

La sculpture est l'art où la simplicité est le
plus nécessaire. Une statue isolée, dont les traits
et l'attitude annoncent des sentimens impétueux,
étonne et blesse la raison. Nous demandons ce
qui l'irrite, nous cherchons quels objets la mettent en fureur. Cette même figure, transportée
sur la toile, paraîtrait peut-être naturelle, parce
qu'elle ferait partie d'une action, et que son

* Elle est placée au musée du Luxembourg.

mouvement serait expliqué par ceux des autres personnages. Toutefois, l'absence d'exagération est essentielle aux ouvrages des peintres, puisqu'ils ont besoin de flatter notre vue.

Quand Raphaël vint reproduire la beauté idéale en traitant les sujets consacrés par une religion nouvelle, héritier des principes ainsi que du génie des Grecs, il fut comme eux adorateur de la simplicité. Cette fierté sereine qui brille dans l'Apollon, reparut avec un éclat moins imposant, mais plus doux, sur le front de l'archange radieux qui perce de sa lance un coupable rival. Les formes idolâtrées dans Athènes, les formes gracieuses, embellies par les émotions de la pudeur et de l'amour maternel, revinrent enchanter les yeux sous les costumes de la Judée.

L'expression appartient à toutes les parties du corps. Si la position, le geste, le mouvement des personnages, rappellent ou le mannequin ou le héros de théâtre, la simplicité disparaît, l'âme n'est point touchée. Un acteur, sur la scène, doit oublier le public; à plus forte raison le personnage, sur la toile, doit-il ignorer qu'il est vu. Il faut que son attitude soit imposante ou gracieuse, comme ses traits sont beaux; parce que la nature l'a voulu. Le premier livre que je confierais au jeune artiste, c'est Plutarque. Il y trouverait la grandeur sans faste; son imagination ne concevrait que des physionomies nobles et des attitudes simples; il goûterait le charme d'une certaine naïveté d'héroïsme, et tenterait de reproduire fidèlement les grands hommes avec lesquels il aurait conversé.

On a vu que la peinture demande la simplicité pour la conception des sujets, pour le nombre et l'expression des figures. La même qualité se retrouve dans la distribution des personnages, quand l'ordonnance du tableau est déterminée sagement par le principe de l'unité. Enfin, la qualité dont je parle, doit exister même dans l'emploi des couleurs qui, heurtées ou trop variées, blessent ou fatiguent notre vue. Il serait donc facile, en composant un traité de peinture, de montrer que toutes les parties de cet art empruntent d'heureux prestiges à la simplicité.

Ce chapitre est consacré aux arts du dessin ; je n'ai point parlé cependant de l'architecture, parce qu'un coup-d'œil suffit pour juger combien les ornemens multipliés altèrent sa beauté. Ses monumens doivent être grands par leur étendue ; ils doivent l'être aussi par leur élégante et noble simplicité. L'architecture aime la symétrie. Nous demandons quelquefois cette qualité dans les arts ; plus souvent notre esprit la dédaigne ; et ces jugemens opposés naissent d'un même principe. Nous demandons la symétrie, lorsqu'elle seule peut bannir le désordre ; nous la condamnons lorsque, inutilement employée, elle annonce un travail minutieux et pénible : soit qu'elle nous enchante, soit qu'elle nous fatigue, notre jugement est dicté par l'amour de la simplicité.

CHAPITRE VIII.

DE LA SIMPLICITÉ DANS LA MUSIQUE.

La musique est, de tous les beaux arts, celui qui me semble enivrer l'âme avec le plus de charme, pour la transporter dans un monde idéal. J'aime à chercher les causes de son pouvoir.

Il n'est pas besoin, pour goûter ses plaisirs, de la même attention qu'exigent les autres arts. Lorsqu'on me lit des vers, il faut que je sois attentif, dès l'instant où le lecteur commence. Lorsque j'arrive distrait au milieu d'un concert, les sons m'échappent d'abord; mais je ressens bientôt leur influence, elle pénètre par degrés mon âme, et je suis involontairement captivé. Pendant la lecture d'un ouvrage, qu'une distraction m'entraîne, peut-être en revenant à moi, ne comprendrai-je point les phrases que j'entendrai. Si des airs délicieux m'inspirent une douce rêverie, si je cesse de suivre les instrumens et les voix, à mesure que mes chimères se dissipent, les sons reviennent plus distinctement frapper mon oreille; et ravi de leur mélodie, je crois encore être bercé par des songes célestes. Ainsi la musique peut nous faire éprouver son empire sans le concours de notre volonté.

Une autre cause de puissance particulière à cet art, résulte de ce que les vibrations de l'air, produites par l'orchestre et les voix, agissent sur les nerfs. Chacun a fait sans doute la triste expérience qu'il n'est pas d'ennui comparable à celui qu'excite une musique ennuyeuse. Elle est accablante, parce qu'elle froisse les nerfs, et qu'on ne saurait l'entendre sans souffrir physiquement et moralement. Quand les airs sont agréables, on reçoit aussi une impression physique, bien qu'elle soit moins sensible, le plaisir ayant moins d'intensité que la douleur.

Enfin, la musique nous émeut, par ce qu'elle a d'expressif, et par ce qu'elle a d'incertain et de vague. Pour exprimer la douleur, le dessin met sous nos yeux une figure éplorée; la poésie la fait parler : ces deux arts réveillent des idées positives; et limitent, en quelque sorte, les émotions qu'on peut sentir en voyant, en écoutant leurs ouvrages. Le musicien unit des sons magiques à ceux que la parole emploie : des chants plaintifs ont quelque chose d'indéterminé qui fait concevoir aux âmes tendres, aux imaginations vives, plus que l'auteur ne songeait à leur dire.

Les révolutions de la musique paraissent fréquentes et complètes. La brillante cour de Louis XIV, séjour de tant d'esprit, de goût et de génie, entendait applaudir des chants qui nous causent un invincible ennui. Tout est-il donc arbitraire dans cet art séduisant? Piccini, Gluck, Grétry, auront-ils le sort de Lulli, de Rameau? La gloire de leurs noms survivra-t-elle bientôt à leurs œuvres? Les compositions musicales ressembleraient-elles aux parfums, qui répandent un air embaumé, se dissipent, et ne laissent qu'un vague souvenir?

Parmi les caractères essentiels du beau, on

doit compter la durée; et rien ne mériterait l'admiration dans un art où tout serait passager. La mode seule, il est vrai, détermine le choix des ornemens par lesquels on croit embellir le chant; et ces ornemens varient et passent comme la mode. La fin des phrases musicales peut vieillir avec rapidité; c'est là surtout que se trouvent les beautés éphémères demandées par le goût du moment. Mais, des broderies insignifiantes ne constituent point la musique. Dans une phrase, d'ailleurs bien faite, que le compositeur ait placé des ornemens qui ne sont plus de mode, en les changeant, en les faisant disparaître, on peut rendre au passage qu'ils vieillissent sa vigueur ou sa grâce.

Qu'on chante aujourd'hui ce morceau de Lulli, si vivement critiqué par Jean-Jacques*, et si mal défendu par Rameau : **

> Enfin, il est en ma puissance,
> Ce fatal ennemi, ce superbe vainqueur! etc.

* *Lettre sur la musique française.*

** *Observations sur notre instinct pour la musique, et sur son principe.*

qu'on le chante avec les trills, les cadences indiquées dans la partition, il sera de toute impossibilité d'en supporter l'ennui. Qu'on supprime
ces prétendus ornemens, la déclamation de Lulli
n'offrira pas l'énergie et la variété de celle de
Gluck; mais nous écouterons le morceau de
l'ancienne *Armide*, et nous remarquerons même
avec intérêt des parties de phrases où la déclamation est juste.

C'est une cause délicate à défendre que celle
de l'existence d'une musique durable, puisque
des hommes pleins de mérite, et très sensibles
au pouvoir de cet art, pensent qu'il dépend uniquement de la mode, et croient leur opinion dé-
montrée par les faits. Je leur soumettrai quelques observations.

Le double objet que se propose l'artiste est de
flatter l'oreille, et de pénétrer l'âme des sentimens que son sujet inspire. La musique n'a pas
pour rendre nos sentimens, les mêmes moyens
que la parole. Celle-ci emploie des mots dont
la signification est déterminée par des conventions ; l'autre emploie des sons dont la

valeur expressive résulte de leurs rapports, plus
ou moins vagues, avec les différentes affections
de l'âme. Il est évident que la mélodie ne saurait avoir l'exactitude du discours. S'ensuit-il
qu'elle n'ait rien qu'on puisse, dans tous les
temps, reconnaître pour expressif? Des sons lugubres, adaptés à des idées sombres, conserveront
toujours de l'analogie avec elles. Disons mieux,
il existe une déclamation naturelle aux passions,
aux mouvemens de l'âme; le musicien peut et
doit la saisir. Lorsque j'entends Œdipe chanter:

Viens, ô mon digne sang! viens, mon guide fidèle! etc.

je reconnais la déclamation vraie, embellie par
le compositeur qui n'a fait cependant qu'accen-
tuer les paroles avec plus d'agrément et de force.
J'aurais peine à concevoir que la justesse de déclamation qui me frappe dans ce passage, ne fut
pas encore généralement sentie, alors même que
les accens de l'artiste cesseraient de paraître aussi
flatteurs qu'ils le sont aujourd'hui pour nous.

Mais la musique ne doit pas être seulement
une déclamation notée ; elle doit enchanter l'o-

reille, juge arbitraire, dit-on, des plaisirs que nous espérons lui donner. Lorsqu'on discute la question de savoir si, dans les arts, il est un beau invariable, on a raison d'examiner l'opinion d'hommes de différens pays et de différens siècles. Il faut cependant les choisir d'un goût éclairé par la civilisation, épuré par la comparaison d'un assez grand nombre d'ouvrages.* Autrement on doutera que l'architecture grecque soit belle, parce que nos pères aimaient une architecture barbare. Si l'on me dit que les sauvages ont peine à supporter notre harmonie, je ne répondrai point; l'opinion de pareils juges est trop indifférente à la question qui nous occupe.

En ne considérant que les plaisirs des hommes bien organisés pour les arts, je ne puis me persuader que l'oreille soit un juge souverainement arbitraire. Le sentiment et les faits prouvent qu'il

---

* Cette dernière condition manquait aux spectateurs de l'Opéra, sous le règne de Louis XIV ; et voilà ce qui explique pourquoi tant de grands hommes ont applaudi de si mauvaise musique.

est des sons destinés à charmer toujours. Je trou-
verais bien moins d'idées positives, si je voulais
rendre raison des plaisirs de l'odorat, que si je
voulais expliquer les plaisirs de l'ouïe. On ne
doute point, cependant, qu'il est des fleurs dont
les parfums seront toujours suaves pour les
hommes d'une organisation délicate. Le chant
du rossignol était déjà mélancolique pour les
anciens; ils inventèrent un fable ingénieuse, et
nous croyons encore entendre dans nos bos-
quets soupirer Philomèle. Des morceaux composés depuis plusieurs siècles, ont sur nous la même
puissance que sur leurs premiers auditeurs; et
l'on admire des chants religieux, dont le temps
n'a point altéré le caractère grave et solennel.

Nous sommes trop disposés à croire que la
musique dramatique est ancienne en France, et
qu'elle a subi des révolutions nombreuses. Lulli
et Rameau, l'un avec du génie, l'autre avec de la
science, ont fait les premières tentatives, dans cet
art nouveau pour nous. Leurs successeurs, plus
heureux, offrirent une délicieuse mélodie : elle
fut écoutée avec enchantement; les cœurs palpi-

tèrent, les yeux se remplirent de larmes. On ne pensera point que j'exagère, si l'imagination se reporte au moment où parut le *Devin du village*. Bientôt un système, plein de vérité et de charme, remplaça des systèmes vicieux; comme sur une autre scène, nos belles productions dramatiques avaient remplacé les essais de Mairet et de Cirano, dont nous devons estimer les efforts. On apprit, en France, à jouir des richesses de l'Italie qui me semble être, pour la musique, ce que la Grèce est pour la sculpture. Sans doute, à diverses époques, la musique expressive et flatteuse sera dédaignée. Aucun art n'est garanti de ces variations. J'ai vu des personnes préférer à la musique dont je parle, des airs insignifians brodés par tel chanteur; d'autres lui préférer des combinaisons de notes péniblement calculées. Ces fantaisies ne prouvent pas plus contre le mérite des vrais compositeurs, que ne prouve contre la supériorité de Molière l'erreur des hommes qui laissent ses ouvrages, et vont applaudir des pièces écrites à la manière de Dorat, ou quelques drames lamentables. On

veut des sensations nouvelles, et l'on exile le beau :
lorsqu'il reparaît, il reprend son empire; on le
croyait vieux, on lui trouve, avec surprise, l'é-
clat et la fraîcheur de la nouveauté.

Si je m'abusais, si la musique était, par sa
nature même, peu durable, il faudrait encore,
pour tracer les compositions les moins fugitives,
adopter le système qu'indique la raison. Les
paroles données, l'artiste doit saisir une déclamation juste; et s'il en fait naître une heureuse
mélodie, le travail difficile est fini. Que l'harmonie, loin d'étouffer ce chant, vienne le soutenir; et le musicien approche de la perfection.
Ces principes lui paraissent-ils inspirer des compositions trop simples? Refuse-t-il de croire que
le mérite de son art consiste, tout entier, à faire
entendre des sons qui nous plaisent, et qui portent des sentimens à notre cœur? Vainement
cherchera-t-il des combinaisons hardies, nouvelles, singulières. Les difficultés qu'il surmonte
donnent en résultat un bruit fastidieux, con-
damné par l'instinct du public, autant que par
le goût des véritables artistes.

Les airs simples sont les seuls durables, les seuls qui s'adressent à l'âme, et que tous les hommes comprennent. La musique savante est pour l'esprit; annonçât-elle de rares talens, elle ne serait toujours qu'un bruit difficile à produire.

Le prestige de tel morceau qui nous enchante, est dû à la simple répétition d'une idée musicale. Cette idée fait naître une sensation agréable, mais légère; la seconde fois, elle touche plus vivement, on voudrait l'entendre encore ; le compositeur la reproduit, et l'on se livre avec délices aux sentimens qu'elle inspire*. Supposons qu'au lieu de répéter trois fois cette idée, l'auteur en eût employé trois différentes; elles laisseraient des impressions confuses; aucune d'elles ne satisferait pleinement l'auditeur. Les moyens simples enfantent les émotions vives ; mais ils exigent du génie, tandis que les moyens compliqués sont à la disposition des hommes obstinés et médiocres.

Grétry usa peu d'une science qu'il connaissait

* C'est peut-être le secret du génie d'Haydn.

aussi bien que tout autre, mais dont il déplorait
l'abus. Le système de composition, sur lequel
nous avons porté nos regards, est évidemment
celui qu'il adopta. Il voulut être expressif, il cher-
cha des sons flatteurs; et craignit, jusqu'à l'excès
peut-être, d'altérer ses chants par la pompe et le
bruit de l'harmonie. D'autres artistes célèbres ont
pu se former des systèmes qui ne sont pas entièrement semblables au sien; tous sont restés fidèles à la simplicité. Cimarose, moins expressif,
laisse souvent errer les sons au gré de son
imagination; mais, soit que les voix nous fassent
entendre sa mélodie céleste, soit que l'accompa-
gnement nous ravisse, sa musique est facile à saisir; il est aussi facile d'en goûter les charmes que
de respirer le parfum des fleurs. Gluck, avec un
éclatant orchestre, ne brava point les lois de la
simplicité. Les accens de ses personnages sont
vrais; et sa véhémente harmonie, d'accord avec
eux, fait retentir des sons analogues aux sentimens dont il veut agiter l'auditeur.

La simplicité répand sur les arts un attrait si
puissant que, souvent, on la confond avec la

beauté même. Néanmoins, la simplicité seule ne pourrait nous intéresser toujours; il est une autre qualité qui s'allie avec elle, et qui vient rehausser son éclat.

CHAPITRE IX.

DE LA VARIÉTÉ.

La nature, pour former un grand homme, réunit des qualités qui s'excluent aux yeux du vulgaire. Ainsi, l'écrivain nourrit, dans son âme, la chaleur qu'il communique à ses pages, et cette laborieuse patience qui lui fait revoir avec soin chaque phrase. Son esprit embrasse des sujets vastes et compliqués, et saisit les nuances fugitives d'où naît la justesse des expressions et des tours. Si du champ de la littérature on s'élève aux régions de la philosophie, on voit le sage allier à la force d'âme, qui le rend calme au milieu des revers, la sensibilité qui l'attendrit sur nos peines.

Des qualités opposées, en apparence, existent dans les belles productions ainsi que dans les grands caractères. Tous les objets qu'on admire, unissent la variété à la simplicité.

La figure humaine est d'une régularité parfaite; mais elle est variée par les formes de chacun de ses traits, par les couleurs qui les embellissent, et par les émotions que sa mobilité réfléchit.

Le plus symétrique des arts, l'architecture, évite l'uniformité. Ses lignes horizontales, perpendiculaires, courbes, diagonales, ses parties saillantes, ses pleins et ses vides, jettent une variété merveilleuse sur un édifice, dont la noble simplicité frappe au premier coup-d'œil.

L'architecture doit son plus grand charme aux belles oppositions que présentent ses parties massives et leurs intervalles. L'agréable variété des pleins et des vides étant produite surtout par les colonnes, il faudrait les employer autant que le permet ce goût pur qui réprouve une décoration inutile. Nous les employons trop rarement; la plupart de nos palais, de nos théâtres, de nos bâtimens publics, n'offrent que des amas de pierres; leur aspect ne flatte point l'imagination. Ce sont les colonnes qui contribuent surtout à réunir, dans un édifice, l'élégance et la noblesse, et qui, pour ainsi dire, le rendent poétique.

Le secret de la grandeur et de la variété, en architecture, semble aujourd'hui perdu; et c'est encore au milieu des ruines que se trouvent les plus étonnans modèles. Considérez une gravure qui représente les ruines de Palmyre, et lisez la description de Volney. « Il faut se peindre cet « espace si resserré comme une vaste plaine, ces « fûts si déliés, comme des colonnes dont la « seule base surpasse la hauteur d'un homme; il « faut se représenter que cette file de colonnes « debout occupe un espace de plus de treize « cents toises, et masque une foule d'autres édi- « fices cachés derrière elle. Dans cet espace, « c'est tantôt un palais, dont il ne reste que les « cours et les murailles; tantôt un temple, dont « le péristyle est à moitié renversé; tantôt un « portique, une galerie, un arc de triomphe : « ici, les colonnes forment un groupe, dont la « symétrie est détruite par la chute de plusieurs

« d'entre elles ; là, elles sont rangées en files tel-
« lement prolongées que, semblables à des
« rangs d'arbres, elles fuient sous l'œil dans le
« lointain, et ne paraissent plus que des lignes
« accolées. Si, de cette scène mouvante, l'œil
« s'abaisse sur le sol, il y en rencontre une autre
« presque aussi variée : ce ne sont de toutes
« parts que fûts renversés, les uns entiers, les
« autres en pièces, ou seulement disloqués dans
« leurs articulations ; de toutes parts, la terre
« est hérissée de vastes pierres à demi enterrées,
« d'entablemens brisés, de chapiteaux écornés, de
« frises mutilées, de reliefs défigurés, de sculp-
« tures effacées, de tombeaux violés et d'autels
« souillés de poussière *» Quittons maintenant
ces ruines, et parcourons notre capitale, dont
nous aimons à vanter la magnificence : quelle
nudité ! quelle indigente monotonie dans ses
édifices ! A peine, de loin en loin, quelques
monumens peuvent-ils captiver les regards et
l'imagination. Si le temps détruit cette vaste cité,

---

* *Voyage en Syrie et en Égypte.*

elle offrira des monceaux de pierres, qui ne seront point animés par le génie des arts. Supposons qu'elle soit alors visitée par un voyageur sorti d'une nouvelle Palmyre : beaucoup d'hommes, dira-t-il, ont habité cette enceinte ; mais l'architecture était pour eux dans l'enfance, et ces ruines sans vie ne sont que des décombres.

La simplicité et la variété paraissent opposées; cependant l'homme d'un talent réel ne sacrifie jamais la première de ces qualités, il semble en faire éclore la seconde. L'artiste médiocre se hâte de laisser la simplicité, dès qu'il veut frapper les regards ; mais ses prétendues découvertes, ses innovations qu'il juge précieuses, sont bientôt dédaignées. Par exemple, on a construit des colonnes torses ; des colonnes fuselées, c'est-à-dire renflées au milieu de leur tige comme un fuseau ; des colonnes à bossages qui, dans leur hauteur, ont des parties saillantes de distance en distance. Le goût a senti qu'il fallait rejeter ces inventions bizarres, et que la colonne simple est la plus agréable : elle présente un mélange de lignes courbes et de lignes perpendiculaires ;

ses trois parties ont des formes différentes, et l'élégance du chapiteau contraste avec la nudité du fût et de la base.

Ce n'est point dans la multitude des figures que le peintre habile cherchera les moyens de répandre la variété sur un tableau. Pour concentrer l'intérêt, il emploie peu de personnages; mais l'attitude, les traits, la physionomie et le costume de chacun d'eux, les couleurs, les ombres, la lumière, lui servent à varier la scène sur laquelle il veut retenir long-temps nos yeux enchantés.

Les sentimens que les physionomies expriment, sont une source inépuisable de variété. Presque toujours les artistes grecs plaçaient peu de figures dans leurs compositions. Timomachus représenta Médée au moment où, près d'égorger ses enfans, elle hésite. Ses traits respiraient un mélange de fureur et de pitié maternelle, et les enfans souriaient en regardant le poignard de leur mère. Existe-t-il de l'uniformité dans ce tableau ?

Il faut étudier la nature, elle sait rendre différens tous les êtres. Si des jeunes gens se plaignent de leurs vains efforts pour opposer les figures entre elles, qu'ils s'adressent à Diderot. Avec son imagination vive, il leur dira brusquement : « Allez aux Chartreux ; voyez là quarante « moines rangés sur deux files parallèles ; tous « font la même chose, pas un ne se ressemble. « L'un à la tête renversée en arrière, et les yeux « fermés ; un autre l'a penchée et renfoncée dans « son capuchon, et ainsi du reste de leurs mem- « bres : je ne connais pas d'autre contraste. » *

Loin que la simplicité et la variété s'excluent, elles ont besoin de s'unir, afin que l'une ne dégénère pas en uniformité, l'autre en confusion. Le point où elles s'allient est celui qu'il faut saisir, pour charmer les sens et l'esprit.

La monotonie est dans les arts que juge notre oreille, ce que l'uniformité est dans ceux qui doivent plaire au sens de la vue. Ce n'est pas en cessant d'être simple qu'on peut varier la musique ; je vois, au contraire, que souvent les mêmes causes en bannissent les deux qualités qui nous occupent.

---

* *Pensées détachées sur la peinture.*

Il est des compositions savantes dans lesquelles, à défaut de chants expressifs, le musicien déploie les richesses de l'harmonie et le
luxe de l'orchestre. Tant de magnificence, tant
d'instrumens employés, pour ainsi dire, sans
relâche, excitent le mortel ennui de la monotonie. La complication n'est pas la variété, et ses
résultats, en musique, sont un bruit inintelligible.

Détruisons la simplicité d'une autre manière.
Multiplions, dans un opéra, ces airs destinés à
recevoir les broderies d'un chanteur à la mode.
Je m'en rapporte à lui pour faire disparaître,
sous les ornemens, le peu d'expression qu'on
leur a donné. Ces airs privés de sens, de caractère déterminé, finiront par se ressembler tous,
et par être ennuyeux, autant que le serait une
lecture faite dans une langue harmonieuse, que
nous n'avons pas l'avantage de comprendre.

La musique simple, analogue aux paroles, est
nécessairement variée. Les sentimens, les pensées ne pouvant être les mêmes, l'artiste qui
leur obéit, évite la monotonie. S'il est toujours

vrai, il donne de la variété au morceau le plus simple, aux nombreuses parties d'une grande composition; et lorsqu'on parcourt ses ouvrages, on les voit différer entre eux, comme les airs d'un opéra qui ne se ressemblent point, quoiqu'on y reconnaisse l'esprit du même maître.

Grétry sut varier ses ouvrages, parce qu'il sut répandre sur chacun d'eux la couleur du sujet. Il faut avoir une prodigieuse abondance de richesses musicales pour se dire : je ferai naître toutes les beautés qu'exige le sujet que je traite; vainement des beautés étrangères s'offrent-elles à mon imagination, je les rejette; elles viendront un jour animer des scènes qui les appelleront, ou je n'en ferai jamais usage! Ainsi raisonnait Grétry; et les êtres privilégiés qui réunissent cette abondance d'inspirations et cette inflexibilité de goût, ont seuls le pouvoir d'exceller dans les arts.

Le genre de beautés qui me frappe toujours, en examinant les vastes conceptions poétiques, c'est la diversité des tableaux unie à la simplicité du sujet. Sous ce rapport, le plus ancien des poèmes sera l'éternel désespoir des hommes qui tenteront la carrière de l'épopée. Quand je rapproche, dans mon esprit, des scènes si différentes entre elles, les adieux d'Hector et d'Andromaque, la ceinture de Vénus, Priam aux pieds d'Achille, je reste confondu ; je finis par trouver simples et justes ces éloges enthousiastes, universels, qui transforment Homère en une divinité, source d'inspirations poétiques.

La variété si nécessaire, lorsqu'on trace le plan d'un ouvrage, est essentielle encore pour embellir son exécution. La variété est la plus difficile, la plus rare des qualités du style. Aucun des prosateurs français n'a possédé mieux que Buffon le talent de composer artistement une phrase. Il fait un choix de mots élégans, nobles, harmonieux ; et l'oreille et l'esprit le suivent, avec surprise, dans l'admirable mécanisme de ses brillantes périodes. Mais combien on s'abusait lorsqu'on voulut placer cet écrivain au-dessus de Rousseau ! La manière dont procède l'historien de la nature renouvelle sans cesse les mêmes beautés sous sa plume. Des tons variés obéissent aux divers sentimens qui pénètrent Jean-Jacques. Né pour l'éloquence, tantôt il rend ses discours impétueux, tantôt il leur donne une onction persuasive; quelquefois, dans son enthousiasme, il s'élève et semble chanter des hymnes. On le voit, dans la carrière polémique, lancer de redoutables sarcasmes ; et quelle naïve élégance, quelle grâce ineffable il répand sur le premier chant du Lévite !

Les beaux-arts empruntent aux oppositions des effets enchanteurs ou terribles. On pourrait dire qu'un contraste est la variété devenue plus saillante, en se concentrant sur deux objets; et que la variété est une suite de contrastes affaiblis. L'artiste le mieux instruit par la philosophie à toucher notre cœur, le Poussin, près d'une fête, place un tombeau. A la vue de cette scène mélancolique, on se rappelle des vers du chantre de Tibur, qui connut aussi le pouvoir de ces rapprochemens; et l'imagination prolonge, dans une douce rêverie, les idées qu'inspirent le peintre et le poëte.

Le délicieux épisode d'Herminie doit son charme aux oppositions qu'il présente. Cette femme délicate qui revêt une armure; les bergers effrayés à son abord, mais rassurés lorsqu'elle ôte son casque; ce vallon tranquille, au milieu des fureurs de la guerre; la jeune amante de Tancrède nourrissant les peines de son cœur, sous le toit hospitalier où respirent l'innocence et la paix; tous ces tableaux sont remplis d'intérêt et de grâce.

Accoutumés par notre raison éclairée et notre goût sévère, à demander dans la tragédie le développement des caractères, le langage des passions et l'harmonie des vers, occupés de tant de beautés réunies, nous dédaignons une pompe stérile introduite pour le plaisir des yeux. Toutefois, si la pompe du spectacle ajoute à l'effet produit par l'action, elle mérite qu'on l'admire en cédant aux émotions qu'elle rend plus profondes. Où trouverai-je un exemple pathétique et frappant? A l'opéra!... Agamemnon, rassuré par l'ordre qu'il a donné, promet de livrer sa fille aux dieux, s'ils l'amènent en Aulide; et tout-à-coup, dans le lointain, on entend le chœur des soldats qui célèbrent l'arrivée d'Iphigénie. Quelle effrayante manière d'annoncer sa présence! Le chœur continue, il approche; Iphigénie paraît sur un char, avec sa mère heureuse du triomphe qui l'environne. Le contraste de cette fête avec la situation terrible des personnages objets de tant d'allégresse, déchire l'âme, exalte l'imagination. Il me semble qu'à la vue d'un pareil spectacle, le poète tragique doit éprouver un sentiment d'envie, et le regret que la sévérité de la scène française ne permette pas d'y transporter cette pompe et ces chants dramatiques.*

Je pourrais citer encore Alceste mourante, assistant aux jeux donnés pour célébrer le retour de son époux à la vie. Opposition sublime qui fut imaginée par Jean-Jacques.

---

* Est-il bien certain que le goût les repousserait de notre scène tragique ? Si Racine eût placé des chœurs dans *Iphigénie*, pourquoi ce spectacle n'eût-il pas terminé le premier acte ? Je n'aurais vu contre ce projet qu'une objection très forte, tirée de la difficulté de faire croître l'intérêt et les émotions dans les actes suivans.

Occupé de la variété, j'ai dû parler des contrastes. L'auteur médiocre en abuse aisément : ils perdent leur pouvoir s'ils ne sont très naturels; et notre esprit les juge alors avec d'autant plus de rigueur, qu'ils annoncent la prétention de causer une impression vive. Nous sommes de même fatigués bientôt de tous les petits contrastes, de ces antithèses qui laissent voir un travail minutieux, indigne de la grandeur des arts. Lorsqu'on cherche les moyens d'obtenir des effets durables, on est sans cesse ramené à sentir le prix de la simplicité.

CHAPITRE X.

DE L'ORIGINALITÉ.

Je voulais choisir un titre différent : le mot originalité, dans le langage vulgaire, réveille l'idée de bizarrerie, ou même de ridicule; mais ce mot, rappelé à son véritable sens, désigne seul une qualité que le génie imprime à ses œuvres. C'est elle qui rend les autres qualités puissantes sur notre âme. En vain, réunirez-vous, dans une grande composition, la vérité, la simplicité et la variété; si vous les employez comme elles l'ont été mille fois, si vous ne savez leur donner une empreinte nouvelle, n'espérez point un éclatant succès. C'est par des émotions que les arts excitent notre amour et charment notre vie. Lorsque les hommes qui les cultivent ne produisent que des sensations faibles et con-

nues, nous nous réveillons à peine pour examiner les pâles esquisses de ces imitateurs.

On pourra mériter l'estime, si l'on essaie de
marcher fidèlement sur les traces d'un auteur
célèbre ; mais, pour créer des monumens durables, il faut nous révéler des jouissances que
les chefs-d'œuvre laissaient encore ignorées.

Un ouvrage original porte l'empreinte particulière du talent qui l'a conçu. Ses beautés nouvelles nous étonnent et nous enchantent; elles
répandent des plaisirs que notre âme saisit avec
avidité : l'habitude ne les a pas encore émous-
sées par son triste pouvoir, qui décolore à nos
yeux les objets, éteint nos sentimens, et nous
lasse de l'existence.

Les productions qu'enfante le génie sont toujours originales. Les grands hommes ne se ressemblent que par leur supériorité sur le vulgaire; chacun d'eux a son caractère qui se communique à ses œuvres. La flamme d'un cœur
pur anime les pages de Fénélon, ses douces ver-
tus y respirent, leur grâce négligée est celle de
la sagesse. Bossuet imprime au langage, l'altière

élévation de sa pensée; et dans son étourdissante hardiesse, il contraint des expressions triviales à devenir gigantesques. Supposons Jean-Jacques moins irritable; ôtons-lui son orgueil et sa timidité, rendons-le heureux; son style pâlit, son éloquence est éteinte.

C'est dans la peinture qu'il paraît le plus difficile de se soustraire à l'imitation. Cet art exige de longues études d'atelier qui, nécessairement, font prendre à l'élève quelques-unes des habitudes de ceux qui dirigent sa main novice. Cependant, écoutons Léonard de Vinci. « Les grands
« génies, dit-il, se font une *manière* qu'ils em-
« pruntent de l'idée et de la façon dont ils voient
« la nature; quelques-uns la puisent dans toutes
« les meilleures sources, sans s'attacher à aucun
« maître particulier; mais ceux dont le génie
« borné ne les rend pas capables de s'en faire
« une propre, choisissent parmi les maîtres celui
« qui leur plaît davantage, le suivent pas à pas, et
« ajoutent leurs défauts à ceux du modèle. Il faut
« se faire un devoir d'imiter les grands artistes
« dans la noblesse de leurs pensées, dans le su-

« blime de leurs idées, non dans leur manière
« de peindre. »

Quand les musiciens croient honorer un compositeur célèbre, parce qu'ils en insultent un autre, ignorent-ils que la route des succès est tracée par l'impulsion qu'on a reçue de la nature? L'esprit de parti disait à Gluck : suivez le système de Piccini ! à Piccini : prenez les accens de Gluck ! L'un ou l'autre pouvait-il se transformer en son émule ?

Une conception est originale, dès qu'une nuance très sensible la distingue des belles conceptions du même genre. Le Tasse n'a point l'étonnante singularité de Milton; mais le poème de la *Jérusalem* reçoit du caractère chevaleresque et mélancolique de son auteur, une empreinte particulière. Les physionomies de ses personnages, les scènes d'Herminie, de Clorinde et d'Armide, sont nouvelles pour nous. Si l'on pense que Didon fut le modèle d'Armide, on voit comment il est possible de se montrer original, en donnant à ses imitations une couleur distincte et remarquable.

Nous voulons des sensations, elles seules nous font apercevoir et goûter l'existence : il est essentiel que l'habitude ne les ait point affaiblies ; c'est pourquoi nous attachons tant d'importance à l'originalité dans les arts.

Les sensations devenant moins vives lorsqu'elles se répètent, les peuples voient bientôt s'évanouir leurs jours d'enthousiasme. L'inexpérience dispose à l'étonnement la jeunesse, son âme neuve reçoit avec surprise les émotions flatteuses, et se montre reconnaissante envers le plaisir. Mais, quand le temps nous a familiarisés avec les prodiges des arts, nous devenons sévères pour nous dédommager de n'être plus sensibles ; et, juges rigoureux du talent, même en estimant ses efforts, nous recevons les plaisirs qu'il nous offre, comme une dette qu'il acquitte.*

---

* Je crois impossible de faire des comparaisons justes entre les acteurs qu'on a vus à des époques différentes de sa vie. J'éprouvais une sorte d'ivresse lorsque, à dix-huit ans, j'entrais dans une salle de spectacle ; j'y porte maintenant une raison calme et peut-être sévère. Mon ima-

On doit attribuer surtout à la nouveauté, les
effets merveilleux que produisirent les premières
ébauches des arts; et qui donnèrent naissance à
tant de fables intéressantes, dont l'imagination
des hommes n'est pas encore entièrement dé-
trompée. Beaucoup de prodiges s'expliquent,
lorsqu'on voit les insulaires d'O-Taïti écouter,
avec extase, les sons d'une cornemuse qu'un ma-
telot leur fait entendre. Je suis loin, cependant,
de croire que les premiers poètes dont les chants
ravirent les Grecs, n'étaient point animés des
feux du génie. Leurs essais étaient des créations
heureuses; et les hommages qu'obtinrent les
inventeurs de la lyre et des vers, furent la digne
récompense des plaisirs qu'ils venaient révéler
aux humains. Mais, si le sort eût fait paraître
Orphée dans un siècle de lumières, quelle différence entre les éloges qu'on lui eût accordés,
et les fables ingénieuses qu'inspira le pouvoir

gination et mon cœur pouvaient autrefois suppléer au talent
des acteurs; il faut aujourd'hui que leur talent supplée à ce
que j'ai perdu d'effervescence et de sensibilité.

7

de ses chants! Les statues, avant Dédale, repré-
sentaient des hommes immobiles, les yeux fermés, les bras collés contre le corps; il sut, dans
les siennes, imiter la nature, en leur donnant
des attitudes variées : aussitôt le bruit se répandit que Dédale avait animé ses statues, qu'on les
avait vues respirer et marcher.

Nous retrouvons l'influence de la nouveauté,
à l'époque où les arts sortirent d'un long som-
meil. La Vierge de Cimabué, faible essai de peinture, excita dans Florence des transports d'admiration et de joie. Les honneurs imaginés jadis
pour les guerriers qui sauvaient la patrie, furent
décernés aux poètes qui venaient l'enchanter:
Paris et Rome offrirent à Pétrarque le laurier des
triomphateurs. Une sorte d'ivresse agitait des
hommes fiers de s'éclairer; et la foule regardait
comme un être surnaturel, celui dont elle entre-
voyait confusément les titres de gloire. A mesure
que les lumières se répandent, l'admiration s'affaiblit. Le même intervalle n'existe plus entre
le créateur d'une belle production, et ceux qui
la contemplent. Le temps a rendu les sensations

moins vives; les usages, les mœurs imposent une froide délicatesse; et chez les peuples dont l'imagination s'éteint, s'il est une cérémonie où l'enthousiasme et la reconnaissance osent encore éclater, où des chants de gloire accompagnent le fils des muses, c'est sa pompe funèbre!

Quand les efforts de quelques auteurs ont ouvert la carrière des lettres, et que personne encore n'a su la parcourir, le génie est environné de tous les secours qui peuvent assurer ses succès. Il choisit des sujets féconds; il dispose d'une langue neuve, qu'il perfectionne et qu'il fixe à son gré; ses lecteurs saisissent avidement des beautés, d'autant plus enivrantes qu'ils en jouissent pour la première fois, et que l'inexpérience, favorable au plaisir, les empêche de juger ses défauts.

Alors se forment ces réputations agrandies par l'enthousiasme des peuples reconnaissans. Les pères ordonnent à leurs fils de révérer les hommes qui leur ont apporté des jouissances nouvelles; et les générations successives osent à peine examiner cet ordre, religieusement transmis d'âge en âge. Enflammé par le génie de l'invention et des vers, dans quelque siècle qu'il eût vécu, Homère eût été l'honneur de sa patrie. Mais ce poète, aimé du ciel, reçut le jour à l'époque la plus heureuse : père des muses et des dieux, il s'avance environné, des acclamations des Grecs; chaque siècle grossit son cortège, et célèbre en lui le génie même de la poésie.

Une opinion très fausse et très répandue, c'est qu'il est moins difficile de produire des chefs-d'œuvre lorsqu'on a des modèles, que dans un temps où ces modèles n'existent pas. Sans doute il est plus aisé d'éviter des fautes grossières; mais il devient toujours plus difficile de créer des ouvrages originaux et des beautés nouvelles.

Supposons que le premier orateur qui paraît chez un peuple, se distingue par sa véhémente éloquence. Il laisse une belle carrière ; le second orateur entraînera les suffrages par sa douce et séduisante onction. Les élèves vont se multiplier; et, généralement, on parlera d'une manière plus élégante et plus pure qu'avant les jours où la tribune fut illustrée. Mais des succès éphémères ne sont pas ceux qui nous occupent; et nos regards cherchent des hommes qui puissent obtenir, dans l'histoire des lettres, une place éclatante : combien les vrais succès sont déjà difficiles! Un troisième orateur essayera-t-il de créer un nouveau genre d'éloquence? d'exciter l'admiration par la noblesse et la pompe de ses pensées? Ce genre peu susceptible de mouvement, convenable à peu de sujets, est moins puissant que les deux autres. Suivra-t-il, avec timidité, les traces d'un de ses prédécesseurs? Voudra-t-il, sans consulter son caractère, réunir leurs genres opposés? Toujours il doit lutter avec une grande infériorité de moyens de succès. Qu'un esprit superficiel, le voyant tourmenté des obstacles qui s'opposent à son triomphe, lui dise : nous avons des modèles, il ont aplani pour vous des difficultés nombreuses : ils m'en ont suscité d'autres, s'écriera-t-il indigné; rendez-moi les secours et les obstacles qu'ont trouvés nos premiers orateurs; ouvrez une carrière, et je saurai la parcourir!

Quelques personnes attribuent à la différence des esprits, l'infériorité des ouvrages qui succèdent à ceux dont s'enorgueillit un grand siècle. Cette opinion ne peut être prouvée ; elle étonne la raison : comment à des époques si rapprochées, sous le même ciel, les esprits seraient-ils si différens ? Il est possible néanmoins que, dans tel espace de temps, la nature prodigue, plus que dans tel autre, le genre d'organisation qu'exigent des travaux brillans. Sans nous arrêter à cette cause douteuse, observons-en d'autres qui sont évidentes, et qui suffisent pour entraîner la décadence des lettres, après leur courte prospérité.

Un sujet heureux est celui qui, sans blesser les principes du goût, a peu de ressemblance avec les sujets déjà traités ; et qui, par conséquent, fera naître des émotions nouvelles, dignes de plaire aux esprits cultivés. A mesure que les combinaisons se multiplient, ils deviennent rares ces grands sujets, ces sujets entièrement neufs qui, d'abord, s'offrirent d'eux-mêmes pour féconder le génie.

Le langage ne conserve point une jeunesse éternelle : des mots souvent employés perdent l'originalité qui les caractérisait ; leur énergie s'affaiblit, et leur grâce s'efface ; les métaphores n'ont plus l'éclat, les tours n'ont plus la vigueur ou le charme que leur prêtait la nouveauté. Les langues s'usent ; et cette cause de décadence, ignorée de la plupart des lecteurs, désole le talent par son inévitable influence.

Enfin, les auteurs cessent d'être environnés d'une atmosphère d'enthousiasme. Une partiale et décourageante sévérité s'exerce sur leurs ouvrages ; car on croit faire preuve d'esprit en découvrant un défaut, et l'on ne pense plus qu'il y ait du mérite à sentir les beautés.

Alors, les sciences enlèvent aux lettres des talens distingués. En général, si dans la jeunesse on éprouve l'ardeur de se survivre, on compose des vers, on veut être poète. Mais, quand la réflexion commence à dessiller les yeux, si l'on aperçoit les obstacles semés dans la carrière poétique, et si, cependant, un désir de gloire agite toujours l'âme, on tourne ses regards vers des routes nouvelles. Alors des hommes qui réunissent l'étendue d'esprit et la vivacité d'imagination, abandonnent leurs essais littéraires, pour se consacrer à d'austères études. Long - temps après ce sacrifice, au milieu même de leurs succès, quelques - uns d'eux songent en soupirant aux illusions qui, tant de fois, ont flatté leur jeunesse : ils ressemblent à celui qui, sur une terre étrangère où les plaisirs l'environnent, regrette encore sa patrie, dont il a fui les troubles et les périls. *

* Comment une carrière ne serait-elle pas abandonnée, lorsqu'un grand concours de circonstances y multiplie les obstacles ? Des changemens dans nos usages, des changemens dont on n'aperçoit point, au premier coup-d'œil, les rapports avec les arts, exercent sur eux une prodigieuse influence, et peuvent rendre tel ou tel genre d'ouvrages très difficile à cultiver. Par exemple, je vois bannir la gaîté du premier de nos théâtres ; les loges et même le parterre, trouvent grossiers Molière et Regnard ; les comédiens croiraient déroger à leur dignité, s'ils nous égayaient en jouant les pièces de Dancourt. Cette espèce de proscription a, sans doute, plusieurs causes : la satiété du public, l'intérêt de quelques acteurs qui jouent mal la bonne comédie, fort bien la mauvaise, etc. Mais une autre cause résulte d'un changement dans nos mœurs. Les premiers juges de nos poètes comiques fréquentaient des lieux de réunion, où le vin leur

Quelques écrivains, à cette même époque, semblent nés pour hâter la ruine des lettres. Tous les obstacles qui s'opposent aux succès éclatans, se réduisent à la difficulté de causer des sensations nouvelles. Les chefs - d'œuvre n'ont révélé que les effets du beau ; l'exagéré, le gigantesque, le bizarre, peuvent donc éveiller un trouble jusqu'alors inconnu. Si les auteurs qui s'emparent de tels secours, sont doués d'un caractère ardent, d'une imagination brillante, ils sont écoutés avec enthousiasme. Eh ! comment n'applaudirait-on pas un langage qui prouve du talent, et qui porte dans l'âme des émotions non encore ressenties? Les pensées vagues, les formes singulières, les paroles étranges deviennent les seules qu'on admire ; et les chefs-d'œuvre

donnait une gaîté vive et franche, qu'ils portaient au théâtre. La joie ne préside plus à nos assemblées, nous prenons gravement des glaces et du café. Pauvres poètes comiques! si nous rions encore, c'est par débauche; et nous allons nous cacher pour voir d'ignobles farces sur les plus vils tréteaux.

consacrés par la vénération des siècles, pâlissent devant des productions éphémères que le goût désavoue.

Il est des temps où les difficultés sont immenses pour offrir des conceptions originales, en laissant aux beaux-arts la pureté que leur ont donnée les grands maîtres. N'imaginons pas, cependant, qu'il nous appartienne d'assigner les bornes du génie, et de calculer son pouvoir. Si, dans un siècle de décadence, il espère créer un ouvrage où brillera la jeunesse des arts, encourageons son essor. Mais qu'il commande les suffrages; et loin de descendre vers la multitude, qu'il plane sur elle et l'éclaire. Un chef-d'œuvre nouveau, paraissant au milieu d'essais dépourvus de verve, ou privés de goût, doit produire l'effet de la lumière dissipant les ténèbres. Supposât-on les esprits dégradés à tel point qu'il fût impossible de les rappeler à l'amour des beautés simples, il faudrait encore dédaigner de honteux succès. Toujours il existe quelques hommes fidèles admirateurs du beau, religieux amis du vrai; c'est pour eux et pour l'avenir qu'il faudrait chercher un sujet fécond, et tenter de rajeunir la langue par des inspirations nouvelles.

Est-on certain, cependant, que le goût de ces hommes isolés prévaudra ? Quelle garantie le petit nombre donne-t-il de sa sagesse, quand la foule l'écoute avec dédain, et se flatte d'un triomphe assuré? Le goût de ces juges peu nombreux doit un jour prévaloir, parce qu'une longue expérience atteste sa pureté. C'est celui des écrivains qui rendirent illustres les siècles de Périclès, d'Auguste, de Léon X et de Louis XIV. Dans ces grands siècles de la littérature et des arts, les idées sur le beau se retrouvent à peu près les mêmes; on connaît donc les idées que la nature humaine, aux époques de sa gloire, se formera toujours de la beauté. L'opinion des juges que réclame le génie sera celle de la postérité, parce qu'elle est l'opinion des siècles de lumières, dont ils ont recueilli l'héritage.

CHAPITRE XI.

DU COMPLÉMENT DU BEAU.

Nous avons observé la grandeur, le vrai, la simplicité, la variété et l'originalité; ces qualités me paraissent constituer essentiellement le beau dans les arts. Un ouvrage, en les réunissant, produira des émotions vives; toutefois, il laissera peut-être à desirer encore ce qui donne à la beauté son charme le plus heureux.

Le mérite de l'exécution, dans les arts, peut suffire pour élever notre âme. Toujours un chef-d'œuvre réveille des idées de supériorité, de talent et de gloire, qui chassent loin de nous les idées puériles et basses, dont le vulgaire est agité. Des formes suaves, des sons enchanteurs, captivent mon imagination ; et les beaux-arts font palpiter mon cœur, alors même que les artistes ne songent qu'à nous plaire. Mais si le talent d'exécution est consacré à des sujets qui, pleins de nobles pensées, sont par eux-mêmes dignes d'enthousiasme, à quelle élévation tant de moyens de succès réunis ne transporteront-ils pas notre âme?

On conçoit le beau à son plus faible degré, lorsqu'on suppose ses effets bornés à flatter les sens. On le voit exercer plus d'empire et briller d'un nouvel éclat, lorsqu'il réveille des sentimens, des idées. On le contemple dans toute sa puissance, quand ses prodiges, fruits des inspirations de la sagesse et du génie, concourent à nous rendre meilleurs.

Charmer les sens est un moyen dont le talent dispose pour remplir la mission qui lui fut confiée; son but est d'imprimer à toutes nos facultés une noble direction.

N'oublions point que le beau manifeste sa présence en élevant notre âme, et nous jugerons combien il importe que le choix des sujets et le talent d'exécution réunis concourent à nous enflammer. C'est d'une idée morale que résulte le complément du beau.

Observons la nature, consultons ce modèle qui s'offre aux regards des générations successives. Les œuvres de l'Eternel, en déployant à nos yeux leur grandeur, leur simplicité et leur variété, auraient pu ne causer que l'admiration; c'est l'empreinte d'un pouvoir bienfaisant et sage qui les rend attendrissantes. Leur beauté physique excita l'étonnement des premiers hommes; mais leur beauté morale inspira les hymnes de reconnaissance et d'amour.

Dans l'ordre physique, le chef-d'œuvre de la nature est la figure virginale d'une jeune fille, dont les traits réguliers sont embellis par la fraîcheur de son âge. Mais, pour qu'elle soit un modèle de perfection idéale, il faut encore qu'un sentiment plein d'innocence et de charme, tel que la piété, la pudeur ou l'amour, anime sa physionomie et lui donne une expression céleste.

Je regarde, sans en connaître le sujet, une gravure qui représente le *Testament d'Euda-midas*. Quelle simplicité dans cette composition ! Quelle vérité dans toutes les figures ! Cet homme est mourant, il dicte ses dernières volontés.

Celui qui les reçoit, habitué à de tristes spectacles, écrit avec indifférence. Le médecin pose sa main sur le cœur du malade; un mouvement de sa tête et son regard annoncent qu'il n'y a plus d'espoir. La douleur de ces deux femmes placées au pied du lit, la différence de leur âges, indiquent assez que l'une est la mère, l'autre la fille de l'infortuné qui touche à ses derniers momens : elles l'entendent parler de leur sort, et gémissent sur elles-mêmes et sur lui. Tout est clair dans ce tableau. La chambre où sont les personnages annonce la pauvreté; un bouclier, un sabre, appendus au mur, m'apprennent que le mourant a servi sa patrie; et je puis juger qu'il a moins à léguer des richesses que des exemples de vertu. Déjà cette scène m'intéresse; mais on me dit quel en est le sujet, ou je lis au bas de la gravure : *Je lègue ma mère à Arétée pour la nourrir et en avoir soin dans sa vieillesse. Je lègue ma fille à Charixène, pour la marier avec une aussi grande dot qu'il pourra lui donner; et si cependant l'un ou l'autre vient à mourir, j'entends que le legs que je lui ait fait revienne au survivant.* La sublimité de ces mots se répand sur le tableau; mon âme s'élève, elle est émue, et je cède à tous les sentimens qu'inspirent le talent et la philosophie du Poussin!

Oh! que cet homme de génie savait bien que l'art n'atteint point son but s'il se borne à flatter les sens! Il y a peu d'ouvrages du Poussin à la vue desquels on ne puisse méditer et rêver. Dans ses paysages, si pleins de vérité, cet artiste introduit des personnages, des actions, des objets qui rendent plus puissante l'impression causée par les sites qu'il retrace. Il peint une solitude; on y voit des ermites, assis sur la terre, occupés tranquillement à lire; la paix de leur âme est en harmonie avec le silence des lieux qui les entourent. Dans une campagne dévastée par l'orage, il place une scène tragique : c'est Thisbé près de s'immoler sur le corps de son amant. Considérez un de ses plus admirables paysages. Cet homme, au bord d'un ruisseau, c'est Diogène qui jette sa tasse en voyant un enfant boire dans le creux de sa main. J'apprends ainsi que ces belles campagnes sont celles de l'Attique. Oui , c'est là le séjour aimé des muses; mon œil parcourt, avec enchantement, ces sites, ces ombrages témoins de tant de méditations sur la philosophie, le plaisir et les arts.

Trop souvent les peintres négligent les grandes impressions qui doivent naître du choix des sujets et de la manière de les concevoir. Studieux pour la partie matérielle de l'art, ils semblent dédaigner sa partie morale ; soit que livrés dès leur jeunesse à des travaux d'ateliers , ils ignorent l'avantage de s'élever à de hautes méditations; soit qu'enivrés des beautés que produit exclusivement l'art qu'ils chérissent, ils aient moins d'enthousiasme pour l'invention qui appartient à tous les arts, et sur laquelle un amateur même peut offrir d'ingénieux aperçus. Oh! ce n'est pas ainsi qu'on étudiait dans la Grèce : les artistes conversaient avec les philosophes , apprenaient d'eux à connaître , à peindre le cœur humain; et les philosophes apprenaient des artistes à sentir tout le charme de la beauté.

Si tant de peintres ont exécuté des tableaux

qui laissent froid le spectateur, c'est qu'ils ont
ignoré ce qui forme le complément du beau.
Vous dessinez avec correction, vous donnez de
l'éclat à votre coloris; c'est beaucoup sans doute;
mais ne concevez-vous rien au delà? Vous possé-
dez les moyens d'exprimer la pensée, mais ne
pensez-vous point ? Ce n'est pas seulement pour
dessiner des muscles qu'on est peintre; c'est pour
émouvoir les âmes, pour leur communiquer des
sentimens et des idées. On sait quelles vives impressions produisent sur la multitude assemblée
un morceau de musique ravissant, une scène de
tragédie pathétique : de pareils triomphes seraient-ils refusés à la peinture seule? Cet art parle
aux yeux; son éloquence est plus intelligible que
celle de la musique, plus universelle que celle de la
poésie. Si les jeunes artistes s'enrichissaient d'idées,
s'ils passaient des musées dans les bibliothèques,
s'ils vivaient avec les poètes, et que leur imagination s'animât, que leur raison s'agrandît, ils
porteraient au plus haut degré nos jouissances
et leur gloire.

Souvent, il est vrai, le génie des peintres fut

asservi, souvent il fut contraint de s'épuiser sur des sujets peu propres à causer de vives et nobles émotions. Je ne crois pas cependant que cette observation suffise pour justifier les artistes. Il est peu de sujets qu'une imagination poétique ne puisse féconder. On demande à Tiarini un tableau qui représente saint Dominique faisant un miracle. Ce sujet est vague, ingrat, comme des milliers d'autres; mais Tiarini possède le génie de l'invention. Le miracle qu'il choisit est la résurrection d'un enfant. Il n'emploie que sept figures : l'enfant couché sur une table à peu près au milieu du tableau ; d'un côté, saint Dominique et un moine qui l'accompagne; de l'autre, le père, la mère, et un étranger attiré sans doute par la curiosité. Voici maintenant le parti qu'il sait tirer de ces personnages. Saint Dominique lève les yeux au ciel, étend la main sur l'enfant qui se ranime et sourit. L'autre moine, accoutumé à voir de pareils prodiges, reste calme; l'étranger, au contraire, recule épouvanté. La mère, éperdue, hors d'elle-même, se précipite vers son enfant; et le père exprime sa reconnaissance , en tombant aux pieds de saint Dominique.

Quelle fidèle peinture du cœur humain ! Ce n'est pas ici le sujet qui développe le talent de l'artiste ; c'est le génie de l'auteur qui féconde le sujet. Les peintres, je le répète, n'ont pas assez connu ce qui forme le complément du beau ; et cependant , les plus simples observations pouvaient les en instruire. Comment ne pas apercevoir l'influence des idées morales qu'appellent ou repoussent les ouvrages des hommes. Un mausolée s'élève : nous contemplons ces figures, ces marbres animés qui gémissent sur une froide cendre. Si la reconnaissance publique grave sur ce tombeau un nom cher à l'humanité, nous rendons grâce au génie du noble emploi de ses merveilles. Si la flatterie burine lâchement sur la pierre un nom déshonoré, l'admiration s'éteint, et le dernier regard est celui du mépris.

Combien de fois nos affections et nos souvenirs nous ont-ils fait attacher l'idée de la beauté à des objets qui n'auraient pu charmer d'autres yeux que les nôtres? Le cœur a plus d'empire que les sens; il les abuse, il les oblige à juger comme lui. On plaisante alors qu'un vieillard regrette les modes de sa jeunesse et qu'il en fait l'éloge. Mais cette antique parure que, dans un portrait, nous trouvons ridicule ou du moins singulière, ressemble à celle qu'embellissait une jeune fille quand le cœur du vieillard s'émut d'amour pour la première fois. Une manière de chanter bizarre et surannée, lui rappelle des fêtes brillantes, et peut-être le son d'une voix chérie. Meilleurs observateurs, démêlons les causes des jugemens que porte la vieillesse; nous cesserons de sourire, nous l'écouterons avec un doux intérêt.*

Si les idées attendrissantes ont le pouvoir de

* Les idées affectueuses et morales sont les dernières qui conservent sur nous leur pouvoir. Haydn, dans sa vieillesse, tandis que ses œuvres faisaient les délices de tant de sociétés en Europe, Haydn vivait retiré dans un faubourg de Vienne. Il se plaisait encore à chanter. Ce vieillard, si accoutumé à l'impression du beau, ne choisissait cependant ni la musique à laquelle il devait sa gloire, ni les morceaux de ses émules

transformer à nos yeux, des objets qui n'ont rien de séduisant, quel attrait doivent-elles répandre sur ceux qui, par eux-mêmes, sont dignes de nous plaire? Les beaux sites reçoivent une beauté nouvelle, lorsqu'ils réveillent d'heureux ou de mélancoliques souvenirs. Au milieu des monts Euganéens est le vallon solitaire où Pétrarque se choisit un asile, et, d'une main affaiblie par l'âge et le malheur, fit résonner les derniers accords de sa lyre. Avec quel enchantement ses yeux parcouraient ce vallon! Quel trouble remplissait son âme attendrie! Ce vallon ressemble à celui de Vaucluse.

On a souvent demandé pourquoi deux de nos sens ont seuls le pouvoir de transmettre à notre âme l'impression du beau. Les théoriciens se sont perdus en raisonnemens sur ce fait. Écoutons Barthès dont les connaissances étaient si variées.

qu'il avait applaudis avec transport; on l'entendait constamment répéter des airs très simples que sa mère lui chantait dans son enfance.

« Entre les objets des divers sens, il n'y a que ceux des sens de la vue et de l'ouïe qui puissent produire des sensations agréables, dont résulte le sentiment du beau.

« Sulzer dit que les idées agréables que donnent le sens du goût et celui de l'odorat, sont des idées confuses; et, par cette raison, n'appartiennent plus à l'idée de la beauté.

« Je vois que ce fait n'est pas suffisamment expliqué par la confusion des perceptions que nous donnent le goût et l'odorat. Il me semble que la vraie raison en est que nous considérons, en général, la beauté comme résidant essentiellement dans des objets placés hors de nous; et que les objets du goût et de l'odorat étant reçus, avec une application la plus intime possible, par les organes de ces sens, nous ne pouvons concevoir les impressions de ces objets existant séparément des affections que nous ressentons dans ces organes. »[*]

De pareils aperçus ont sans doute beaucoup

---

[*] *Théorie du beau*, page 75.

de finesse ; je ne saurais cependant adopter cette
subtile métaphysique, j'essaierai de lui substi-
tuer une observation fort simple. Les sens de
l'ouïe et de la vue sont ceux qui communiquent
le plus directement avec l'âme ; eux seuls lui
portent en foule des sentimens et des idées, eux
seuls ouvrent un vaste champ à nos jouissances
intellectuelles et morales. Voilà pourquoi les impressions qu'ils nous transmettent sont les seules
auxquelles nous attachons l'idée de la beauté. Le
goût et le toucher sont des sens matériels et grossiers. L'odorat a plus d'action sur l'âme, les parfums
donnent de l'effervescence à l'imagination, et fa-
vorisent la rêverie. Aussi, dans quelques langues,
dit-on *une belle odeur*.

Je recueillerais facilement une multitude d'observations qui prouveraient la supériorité de
l'ordre intellectuel sur l'ordre physique ; mais
elles seraient surabondantes. Mon but est moins
de prouver cette supériorité, que de faire sentir
combien il importe, pour la perfection des arts,
qu'on réunisse aux moyens de charmer nos sens
ceux d'émouvoir notre âme.

Frappé des avantages que produit l'alliance du bon et du beau, long-temps je crus ces qualités inséparables. Elles n'en forment qu'une seule, disais-je : le bon, c'est le beau dans l'ordre moral; le beau, c'est le bon dans l'ordre physique. Mais l'utile est la base nécessaire du bon ; et l'on doit reconnaître que, sans lui, le beau peut exister. Si je demande pourquoi ce chapiteau est entouré d'un feuillage d'acanthe, pourquoi l'on a sculpté cette frise avec soin, on répondra : parce que ces ornemens sont agréables ; on ne saurait dire : parce qu'ils sont utiles. Toujours les degrés du bon doivent être calculés sur les divers degrés d'utilité qu'il offre au genre humain. Ce n'est pas ainsi que nous jugeons la beauté des monumens des arts. La statue d'un vil courtisan remporte le prix sur celle d'un héros ou d'un sage, qui n'offre ni des proportions aussi justes, ni des traits aussi réguliers. Je regrettai l'opinion qu'il me fallait abandonner. J'en couvrirais l'erreur par tant de raisons spécieuses que je pourrais essayer de la défendre; mais, quelque plaisir qu'on puisse trouver à soutenir un système, l'amour et la recherche de la vérité procurent des plaisirs plus vifs et plus durables.

Si, comme une tradition confuse semble l'annoncer chez tous les peuples, si la terre eut un âge d'or, l'homme, dans son heureuse enfance, ne distingua point le bon, l'utile et le beau ; ces trois qualités n'en formaient qu'une à ses yeux. Sans doute il attacha d'abord l'idée de la beauté à sa jeune et timide compagne, au ruisseau dont il respira la fraîcheur avec elle, à l'arbre chargé de fruits qui leur présenta l'abondance. Son admiration naïve et pure s'unissait toujours à la reconnaissance. Ignorant que le beau peut être séparé de l'utile, souvent il dut porter des jugemens très différens des nôtres. Un orage terrible, la mer en courroux, un site effrayant, sont des objets que nous nommons sublimes, c'est-à-dire beaux par excellence. Quand l'homme simple et bon rencontra des sites désolés où les volcans ont empreint leurs ravages, loin de se plaire à les contempler, il quitta précipitamment des lieux où la nature s'offrait à lui bouleversée. Quand il vit les nues s'amonceler sur sa tête, et qu'il les entendit mugir, quand il vit la mer s'élancer sur ses rivages et les dévorer, il s'enfuit avec horreur.

Pour trouver des charmes à de tels spectacles, il faut vivre dans une civilisation avancée. Alors ces grandes scènes reçoivent quelque attrait de leur constraste avec la mollesse et la sécurité des villes; elles en reçoivent aussi de leur analogie avec les sentimens sombres et mélancoliques dont les cœurs sont tourmentés. Mais alors, la dépravation des hommes influe sur leurs jugemens à tel point qu'ils admirent des horreurs morales, aussi bien que des horreurs physiques, dès qu'elles étonnent l'imagination par un caractère de grandeur et d'audace.

Chez les peuples corrompus, le bon peut être séparé du beau; mais, combien leurs rapports sont encore intimes! Ces deux qualités sont tellement destinées à s'offrir des secours mutuels que, si l'une existe dans une production des arts, et que l'autre en soit bannie, l'ordre est troublé, nos idées sont pénibles. Ainsi, nous voyons à regret un monument sans goût retracer le souvenir d'une action magnanime; ainsi nous gémissons quand nos regards tombent sur les fruits honteux de la prostitution du talent.

Au récit des grandes actions, à l'aspect des chefs-d'œuvre, on ressent de nobles transports; et fier d'appartenir à la nature humaine , on croit pouvoir aussi l'honorer. Les effets du bon, ceux du beau, sont à peu près semblables; ils captivent les âmes élevées; ils les rendent meilleures et plus heureuses.

La même analogie existe dans les moyens de produire le bon et le beau. Qu'un homme fuie les routes vulgaires, que dans une douce retraite, il cultive l'amitié, les arts et la philosophie, il reçoit les nobles inspirations d'où naissent les pages éloquentes et les actions généreuses.

Fermer son cœur aux viles ambitions, est le premier moyen pour s'élever à la source du beau. L'amour des arts sert aussi la vertu; il chasse les vains projets, les noirs soucis qui troublent et corrompent la multitude. A Dieu ne plaise qu'un fastueux appareil me semble nécessaire pour inspirer des affections que l'homme le plus simple peut connaître et chérir! mais, quand la société se déprave, quand les desirs intéressés et les passions basses fermentent dans son sein, le temple des arts est un asile où l'on peut se garantir encore de la contagion.

Quelques distinctions, faites de bonne foi, éclairciraient les questions relatives à l'influence des lettres sur les mœurs. Il est des jours de paix et d'innocence où les peuples ignorent le luxe des plaisirs; les mœurs ont alors toute leur pureté; et l'on répandrait chez ces peuples heureux de funestes lumières, en leur enseignant à créer des jouissances que ne donne pas la vertu. Pour qu'on voie naître et briller la pompe séduisante des arts, il faut que les besoins se multiplient, que l'imagination s'anime, et que la sagesse oublie son austérité. Par un étrange phénomène, les arts nés de l'altération des mœurs en retardent la dégradation. Le feu qu'ils alimentent dans les cœurs, moins pur que celui de la vertu, est cependant un feu descendu du ciel. L'artiste a besoin de trouver quelque élévation dans les êtres qu'il veut émouvoir. Si la fierté, l'indépendance, l'amour de la patrie et de la gloire, sont livrés au ridicule par la dépravation toujours croissante, le beau s'éclipse et disparaît. S'il reste quelques hommes capables de le produire encore, à quels juges soumettraient-ils leurs ouvrages? On ne les comprend plus; tout sert à les décourager, et leur âme succombe. Ainsi, dans une contrée que la peste ravage, les hommes les plus robustes, ceux que n'a point atteints le mal contagieux, ressentent cependant un morne accablement, et l'invincible dégoût de l'existence.

L'étroite alliance du bon et du beau leur fait subir un même sort, dans les jours où la corruption semble près de dissoudre les liens de la société. Quand le bon est proscrit, le beau s'exile: plus d'enthousiasme alors, plus de rêveries, d'émotions touchantes; il ne reste que des passions cupides et des plaisirs grossiers.

CHAPITRE XII.

EXAMEN CRITIQUE DU PRINCIPE ÉNONCÉ SUR LE COMPLÉMENT DU BEAU.

Je crois nécessaire à la perfection des chefs-d'œuvre, qu'ils réveillent des idées morales. Ce principe est cependant susceptible d'être contesté, et ses fausses interprétations pourraient conduire à dégrader les arts.

Soutenir votre principe, me dit-on, c'est demander que les beaux-arts instruisent, tandis que leur objet est de plaire. Ils viennent flatter nos sens, enchanter notre imagination, et nous bercer d'heureux songes ; si l'on exige davantage , si l'on veut qu'ils soient utiles, on les dépouille de leurs charmes ; ils répandent la tristesse et l'ennui.

Les beaux-arts, je le sais, répugnent à donner une instruction froide ; ils veulent agir sur notre raison moins que sur notre cœur. Mon seul but était de rêver à leurs charmes; et si j'ai desiré qu'ils me fissent sentir l'influence des idées morales, c'est que le beau appelle ces idées, et que sans elles on goûte des voluptés imparfaites.

Il est un genre d'enseignement dédaigné par le goût; il en est un autre qui sert à former le complément de nos plaisirs et du beau.

Si l'on examine successivement un drame lourd et froid, une pièce d'intrigue amusante, un ouvrage où le comique naît des caractères et des mœurs, on voit d'abord l'art se dégrader par des leçons pédantesques; on le voit donner ensuite des plaisirs éphémères; on le voit enfin porter nos jouissances au plus haut degré que puisse leur faire atteindre le poète comique.

Les maximes et les tirades philosophiques ne rendent point la tragédie féconde en longs souvenirs. C'est moins la somme de nos idées que l'énergie de nos sentimens qu'il faut accroître par les prestiges de la poésie. Les hommes connaissent les idées morales; le courage de les suivre leur manque. Répéter peu ces idées, en inspirer l'amour, voilà ce qui me semble à-la-fois le plus utile et le plus poétique.

Il faut animer les compositions des arts : le paysagiste place des figures dans ses tableaux, et le poète didactique interrompt ses préceptes, pour nous attendrir au récit de faits intéressans. Mais, on peut également observer que chaque genre d'ouvrages reçoit un nouvel attrait, s'il s'éloigne de la futilité. Une douce philosophie rend plus aimables les poésies légères. Le roman qui nous attache présente ou de fidèles tableaux de mœurs, ou quelques pages de l'histoire du cœur humain. En observant l'homme, toujours on reconnaît qu'un peu de gravité doit se mêler à ses plaisirs, pour les rendre plus profonds et plus vifs.

Craignons de tracer une fausse théorie. Le système qu'un jeune homme adopte, sur l'art objet de ses veilles, lui fait déployer ses talens avec éclat, ou l'empêche de jamais obtenir les succès que lui destinait la nature. L'école française, si long-temps maniérée, s'enorgueillit maintenant des nobles compositions qui font la gloire de ses artistes. Peut-être d'aussi grands talens que ceux de l'époque actuelle, existaient-ils sous le règne de Louis XV ; mais un faux système les égarait. Quelques maîtres rappelèrent les élèves à l'étude de la nature et de l'antique. Le génie redevint simple et fier ; le beau frappa ses regards, il le reproduisit dans ses œuvres.

On juge avec dédain ces prétendues comédies où l'esprit remplace la gaîté, ces dialogues subtils que le parterre n'a jamais compris, et que les loges n'entendent plus. Les auteurs de ces faibles drames n'étaient point dépourvus de talent; ils se trompaient sur le but de l'art qu'ils essayaient d'enrichir. Peintres frivoles d'une classe brillante de la société, ils ne songeaient point que cette classe était peu nombreuse, que ses mœurs appartenaient à tel cercle, à tel moment, que son langage était inintelligible, hors des salons et des boudoirs. Ils choisissaient mal les sujets de leurs observations, mais quelquefois ils observaient avec justesse; et s'ils eussent été guidés par une théorie plus vraie, quelques-uns d'eux sans doute auraient laissé des ouvrages durables.

En écoutant la musique de certains compositeurs, qui ne gémirait des résultats d'une fausse
théorie ? Ces artistes créaient des chants heureux,
et le public leur prodiguait ses applaudissemens.
J'ignore par quelle influence, tout-à-coup, renon-
çant à plaire, oubliant leurs succès, ils n'ont
desiré que d'être savans en musique. Leurs arides productions, où les difficultés sont vaincues
sans intérêt et sans charme, ne flattent ni le cœur
ni l'oreille. Un bruit assourdissant sort de leur
orchestre; et s'ils essaient de retrouver des chants
mélodieux, vain espoir, leur sensibilité ne peut
renaître; les calculs de l'esprit ont éteint l'inspiration dans leur âme.

L'objection que j'ai citée contre le principe
sur le complément du beau, n'eût paru solide
qu'en interprétant faussement ma pensée; mais
il est une autre objection plus digne d'examen.

Des hommes éclairés peuvent me dire : vous
avez senti qu'il est de l'essence du beau d'élever
notre âme; et vous vous êtes hâté d'en conclure
que le génie doit choisir des sujets qui, par eux-
mêmes, nous causent cette grande impression.

Quelquefois, on ne produit pas l'effet qu'on souhaite, précisément parce qu'on rassemble trop de moyens pour l'obtenir. Étudiez mieux la nature des arts; ils doivent plaire à nos sens, et c'est en les pénétrant d'une volupté pure qu'ils élèvent notre âme. Si vous compliquez les idées, les travaux de l'artiste, vous lui ferez négliger ses vrais moyens de succès. Lessing, dans un ouvrage qui fait honneur à la littérature allemande, donne sur les arts du dessin une théorie judicieuse et fine qu'on ne saurait concilier avec la vôtre. Voici quelques-unes de ses réflexions.

« Les arts du dessin sont les seuls qui puissent
« peindre la beauté des formes, ils n'ont pas be-
« soin pour cela du secours des autres arts; ceux-
« ci, au contraire, doivent y renoncer absolu-
« ment. Il est donc incontestable que cette beauté
« que les arts du dessin sont seuls en état de
« rendre, ne peut être que leur véritable but.

« Ce que l'un des beaux-arts peut produire sans
« le secours d'aucun autre art, doit être seul le
« but propre de cet art : pour la peinture, c'est
« la beauté du corps.

« On n'imagina les tableaux d'histoire que pour
« peindre à-la-fois des beautés corporelles de
« divers genres.

« L'expression, la représentation du trait d'his-
« toire que l'on choisissait, ne fut jamais le prin-
« cipal but du peintre. L'histoire n'était pour lui
« qu'un moyen. Son but final était de peindre
« *la beauté diversifiée*.

« Les peintres modernes ont fait le contraire.
« Chez eux, le moyen est évidemment devenu la
« fin. Ils peignent l'histoire pour peindre l'his-
« toire; et ils ne songent pas qu'en agissant ainsi,
« ils réduisent leur art à n'être plus que l'auxi-
« liaire des autres arts et des sciences, ou que
« du moins le secours de ces arts et de ces
« sciences leur devient si indispensablement né-
« cessaire, que leur art perd toute la valeur,
« toute la dignité d'un art primitif. » *

Avant de réfuter ce qui me paraît inexact
dans cette théorie, je cède au plaisir de m'arrê-

* *Du Laocoon ou des limites respectives de la poésie et de
la peinture*, traduit par M. Charles Vanderbourg

ter sur ce qu'elle a d'intéressant et de vrai. Elle nous fait, mieux que toute autre, juger qu'il est de l'essence des arts de charmer, de ravir nos sens, que la peinture nous enchante surtout lorsqu'elle crée des formes pures et divines : oui, pour s'immortaliser dans les arts du dessin, il faut être idolâtre de la beauté. Mais interdirons-nous au peintre, au statuaire, de songer à réveiller des pensées de gloire et de vertu? Leur ôterons-nous une espérance si digne d'enflammer leur talent? Seront-ils exclus de cette ligue des hommes de génie, appelés à répandre des sentimens généreux et des pensées consolantes?

Les artistes grecs n'auraient point voulu restreindre leurs moyens de succès, en se bornant à peindre la beauté diversifiée; et pour l'intérêt même de nos plaisirs, ils eussent embrassé des idées plus vastes. Qu'on interroge ceux de leurs monumens que nous possédons, et le souvenir de ceux que le temps a détruits. Certes, il était occupé d'une idée morale, ce Polygnote qui peignit la prise de Troye, ou plutôt les suites de cette grande catastrophe. J'emprunte une partie de la description que Barthélemy donne de son tableau, qui se voyait à Delphes.

« . . . . Ici, c'est Hélène accompagnée de deux
« de ses femmes, entourée de Troyens blessés,
« dont elle a causé les malheurs; et de plusieurs
« Grecs qui semblent contempler encore sa
« beauté. Plus loin, c'est Cassandre assise par
« terre, au milieu d'Ulysse, d'Ajax, d'Agamem-
« non et de Ménélas, immobiles et debout
« auprès d'un autel : car, en général, il règne
« dans le tableau ce morne silence, ce repos
« effrayant dans lequel doivent tomber les vain-
« queurs et les vaincus, lorsque les uns sont
« fatigués de leur barbarie et les autres de leur
« existence ». *

Je me plais également à citer ce tableau d'A-
ristide. Au milieu des horreurs d'un assaut, une
femme, dont un coup de lance a déchiré le sein,
allaite encore son fils. L'amour maternel anime
sa figure mourante; et l'on voit cette mère oc-

* *Voyage d'Anacharsis*, ch. XXII

cupée de la crainte de nuire à son enfant, s'il vient à sucer le sang avec le lait *. Ce tableau n'est-il pas empreint du sentiment moral le plus attendrissant? n'offre-t-il pas une leçon touchante et sublime? C'est donner un nouveau prix à la beauté des formes, que de l'unir au charme du sujet.

Plutarque, racontant les adieux de Brutus et de sa femme, nous dit : «Porcia estant sur le « poinct de se départir d'avec luy pour s'en re- « tourner à Rome, taschoit le plus qu'elle pou- « voit à dissimuler la douleur qu'elle en portoit « en son cueur; mais un tableau la descouvrit à « la fin, quoy qu'elle se fust au demourant jus- « ques-là toujours constamment et vertueuse- « ment portée. Le subject de la peinture estoit « pris des narrations grecques, comment Andro- « mache accompagnoit son mary Hector, ainsi « qu'il sortoit de la ville de Troye, pour aller à « la guerre, et comment Hector lui rebailloit son

* Il y a des différences dans les descriptions de cet ouvrage ; j'ai suivi celle de Dubos.

« petit enfant ; mais elle avoit les yeux et le re-
« gard toujours fischés sur luy. La conformité
« de celle peinture avec sa passion la feit fondre
« en larmes, et retournant plusieurs fois le jour
« à revoir ceste peinture, elle se prenoit tou-
« jours à plorer * ». La situation de Porcie ren-
dait sans doute ce tableau plus touchant pour
elle qu'il ne le fut pour aucun autre spectateur :
cependant, prétendre que le peintre n'avait
voulu que retracer de belles formes, serait une
absurdité presque égale à celle de soutenir que
le poète grec, en chantant les adieux d'Hector et
d'Andromaque, songeait seulement à flatter l'o-
reille par des sons agréables.

Le créateur de l'Apollon n'eut, peut-être, d'autre desir que celui de plaire aux regards de la
foule oisive et curieuse. Toutefois, par une telle
opinion, je croirais profaner ce chef-d'œuvre.
Le statuaire voulut que le dieu de la lumière et
des muses inspirât les hommes qui viendraient
l'adorer. Combien de poètes ont porté leur hom-

* *Vie de Marcus Brutus.*

mage à ce dieu! Ils l'ont trouvé reconnaissant
de leur culte; et sont sortis du sanctuaire, pour
aller composer leurs hymnes ou leurs poèmes.
Le temps a détruit l'autel élevé par la religion;
mais le dieu règne dans le temple des arts, et
les poètes et les artistes y respirent encore le
feu sacré qui l'anime.

Si les peintres ne songeaient qu'à la beauté
des formes, leurs conceptions seraient froides :
il y a des effets dramatiques, des impressions
morales qu'on veut ressentir à la vue de leurs
ouvrages; et la réunion de tous ces moyens de
succès est nécessaire pour élever l'art à sa plus
haute perfection.

Ah! sans doute, si l'on est abusé par une
erreur trop commune à ceux que leurs fonctions
appellent à diriger les arts, si l'on veut que le
peintre soit un historien, et qu'au lieu de le laisser choisir en liberté des scènes intéressantes,
on exige qu'il traite tel sujet, et le traite de
telle manière, on peut l'embarrasser dans d'in-
supportables entraves. Les sujets modernes, par
exemple, abondent en difficultés extrêmes; la

peinture répugne à copier nos habits courts,
mesquins, attachés à toutes les parties du corps;
ces vêtemens qui couvrent le nu, sans offrir de
belle draperies.

Je trouve dans un auteur anglais, les observations suivantes : « Un tableau historique tel que
« la mort de Wolff, par West, dans lequel toutes
« les figures sont les portraits de héros connus,
« et dont les costumes sont conformes à ceux
« du temps actuel, peut intéresser aujourd'hui
« plus que si les costumes étaient pittoresques,
« et que les personnages offrissent l'expression
« de différentes idées d'héroïsme. Mais dans les
« âges futurs, quand les costumes seront passés
« de mode, et que les figures ne seront plus re-
« connues comme portraits, n'est-il pas à craindre
« que cet excellent tableau perde tout son
« effet * ? » Ces idées sont très justes; et cependant, si le peintre eût revêtu d'un costume idéal,
ou de l'habillement grec, Wolff et ses compa-

* *Essai sur la poésie et la musique*, par le docteur
Beattie.

gnons d'armes, il eût blessé trop vivement la raison pour satisfaire un goût éclairé.

Essayons de résoudre ces difficultés. Chez les peuples, où les vêtemens sont peu favorables à la peinture, je distinguerais deux genres de tableaux d'histoire. Dans le premier, l'artiste est surtout occupé de reproduire la beauté des formes, et l'expression des sentimens les plus dignes de nous émouvoir. Libre de choisir, d'inventer même, il parcourt les différentes contrées et les différens siècles, en cherchant des sujets qui le conduisent au double but qu'il veut atteindre. C'est alors que, servi par son indépendance, il fait briller toutes les richesses, tous les prestiges de son art.

Pour le second genre de tableaux d'histoire, la patrie appelle l'artiste à consacrer le souvenir d'une action qu'elle honore. Le peintre voit sa liberté restreinte ; mais il remplit un ordre dont il doit être fier. Luttant contre les difficultés de ce genre de compositions, il bannit l'exactitude scrupuleuse ; il donne encore de l'idéal à ses figures, il jette dans les costumes le désordre d'où naissent les effets pittoresques. Laissons-le ne s'arrêter dans ses licences qu'au moment où la raison des hommes enthousiastes du beau les trouverait choquantes. Le peintre n'est point l'élève des historiens, il est le disciple et l'ami des poètes.

Je présente le second genre de tableaux d'histoire sous les rapports les plus avantageux que j'aperçoive. On ne doit pas moins en rester convaincu de la supériorité du premier, puisqu'il peut inspirer toutes les idées morales, et qu'il laisse une entière liberté pour découvrir les moyens d'enchanter notre vue. Supposons le poète réduit à ne traiter que des sujets commandés; son génie, victime de l'esclavage, aura bientôt succombé. Cependant, tel est souvent le sort des peintres; la plupart sont contraints de se soumettre aux goûts de l'homme puissant ou riche qui veut employer leur talent. Un prince les encourage, sans doute, lorsqu'il fait exécuter des tableaux destinés à retracer les événemens de son règne; mais qu'il les encouragerait mieux, s'il leur laissait l'indépendance, se réservant de choisir, dans de brillans concours, celles de leurs productions où le plus habile pinceau réveillerait les plus vives émotions et les plus nobles pensées.

Le poëte et l'artiste ne doivent point sacrifier le desir de plaire à celui d'être utile. Les arts que les muses protègent, vivent par les beautés qu'ils enfantent; s'ils renoncent à ces beautés, loin de pouvoir instruire, ils cesseront d'exister. Oh ! que les Grecs, dont je viens de retracer plusieurs compositions morales, que ces mêmes Grecs savaient bien qu'il faut nous plaire et nous séduire. Leur ingénieuse mythologie rappelle souvent combien il importe de conserver le charme des arts; elle offre des multitudes d'allégories, dont je vois à regret que la tradition s'efface. Nous ne connaissons guère qu'un des mariages de Vulcain et nous en faisons un sujet de plaisanteries. Vulcain eut pour compagne Vénus, parce qu'il présidait aux arts; et quand la beauté lui fut infidèle, l'Olympe l'unit à la plus jeune des Grâces. Que le disciple des muses nourrisse son imagination de songes, de prestiges, qu'il s'environne d'une atmosphère poétique. Mais, quand ses productions brillent d'un éclat séduisant, si leurs sujets inspirent de hautes pensées et des sentimens généreux, notre enthousiasme devient plus vif; nous éprouvons tout le pouvoir des arts.

Telle est la théorie que je crois la plus féconde en résultats heureux, et dont je vais offrir encore quelques applications.

CHAPITRE XIII.

APPLICATIONS DU MÊME PRINCIPE A LA MUSIQUE

L'AGRÉMENT des sons est, dans la musique, ce que la beauté des formes est dans les arts du dessin. Si j'adopte l'opinion de Lessing, je dois supposer que le chant n'a pour but que de flatter l'oreille. Sans doute les plaisirs qu'il nous cause naissent essentiellement du charme des sons. Le compositeur, en se bornant à déclamer d'une manière juste, nous donnerait un ouvrage insipide; tandis que, s'il néglige de suivre les pensées du poète, sa mélodie peut encore nous ravir. Ces principes sont vrais; n'en tirons pas de fausses conséquences.

De même que le peintre peut apprendre de Lessing combien il est essentiel de plaire à la vue par la beauté des formes, le compositeur en écoutant cet ingénieux critique, doit sentir qu'il faut enivrer l'oreille par la magie des sons, par cette mélodie, dont il semble qu'une intelligence céleste pouvait seule révéler le secret. Mais la musique veut aussi nous inspirer des sentimens, des idées; elle nous captive surtout lorsqu'elle embellit nos théâtres; et c'est en devenant expressive qu'elle approche de la perfection.

L'infériorité de la musique instrumentale, comparée à la musique dramatique, résulte de ce que la première ne s'adresse pas aussi directement que la seconde à notre âme. Des symphonies flattent le sens de l'ouïe, et ce n'est pas assez pour nous intéresser long-temps. L'âme suit d'abord avec plaisir des sons qu'elle juge agréables; mais, recevant trop peu d'idées, bientôt elle devient inactive et cède à l'ennui. *

Si l'on veut citer quelques effets puissans de

* Je demandais un jour au spirituel Daleyrac s'il irait à un concert qui promettait d'être brillant. *Je vous avouerai, me répondit-il, que je ne suis pas assez musicien pour m'amuser beaucoup à un concert.*

la musique instrumentale, il faut se rappeler des morceaux où le sujet soit nettement déterminé. Dans une cérémonie funèbre, la marche de Gossec nous fait ressentir une impression profonde. Nous entendons nos propres regrets exprimés par le compositeur : le vague de ses accens ajoute au trouble de notre âme ; et tout ce qu'il existe en nous d'idées tristes et de sentimens douloureux, est réveillé par les sons d'une harmonie lugubre.

La musique instrumentale, lorsqu'il y règne de l'inspiration, semble quelquefois annoncer le dessein d'exprimer des pensées. Elle est empreinte d'un caractère de gaîté ou de mélancolie, de force ou de mollesse dont l'auditeur éprouve l'influence. Cependant l'attention se lasse, parce qu'on entend un langage trop vague, si j'ose employer ici le mot langage. Pour trouver agréable un concert, c'est peu que les morceaux aient du mérite ; il faut que ces morceaux soient variés ; et surtout, il faut que le concert soit court.

L'opinion de Lessing, en nous privant des compositions expressives, nous en laisserait qui

plairaient à l'oreille, et feraient naître la rêverie.
Il existe une opinion plus dangereuse. Pour produire la mélodie, il faut de l'inspiration et du
goût, il faut une organisation d'une sensibilité
exquise, et des études faiblement indiquées dans
les leçons et les livres. Quels succès enorgueilli-
ront la médiocrité, si jamais on nous persuade
que la science est préférable au génie ! J'ai vu
des novateurs, pleins d'espérance, s'efforcer de
bannir le chant de la scène lyrique, et d'y faire
admirer un bruit qui résulte de savans et pénibles calculs. *

Il est nécessaire d'offrir une musique plus
compliquée, des accompagnemens plus savans
qu'autrefois. La vieillesse nous rend difficiles,

* Ces calculs, il est vrai, fatiguent beaucoup moins l'auteur que l'auditeur. Celui qui veut rendre sa musique expressive a besoin d'effervescence ; son imagination s'anime,
son cœur palpite ; c'est sa vie qu'il donne à ses ouvrages :
mais pour la musique savante, on est toujours prêt, toujours calme ; et l'on pourrait en écrire autant que le per-
mettent les forces physiques.

et l'on ne saurait nous blâmer de vouloir que les compositeurs cherchent à s'élever sans cesse vers la perfection. Le problème qu'ils doivent résoudre est de laisser à la mélodie toute sa pureté, et d'y joindre une harmonie plus riche que celle dont se contentaient des artistes immortalisés par leurs chants, où règnent la vérité, la fraîcheur et la grâce.*

Au lieu de suivre ces idées, et de chercher par l'étude à rendre plus puissans les effets de l'inspiration, quelques musiciens étalent une science fastidieuse pour les gens de goût, non moins qu'obscure pour le vulgaire. Des mathématiciens célèbres ont fait de si hautes recherches que leurs ouvrages, dit-on, ne peuvent être compris que par un très petit nombre de lecteurs en Europe. Il semble qu'on s'efforce de donner à la musique cette étrange perfection. Quand il s'agit des progrès d'une science abstraite, le pu-

* Remarquons aussi que l'orchestre s'est perfectionné, et qu'il offre de nouvelles ressources qu'on doit employer pour ajouter à nos plaisirs.

blic les suppose réels, sur la foi des adeptes; bien
qu'il fût plus certain encore de ces progrès,
s'il en appercevait des résultats utiles. Mais je
parle d'un art aimable, qui doit plaire à tous les
hommes bien organisés. Profonds artistes, si
vous dédaignez le suffrage de ces mêmes auditeurs que les maîtres d'Italie et de France
ont charmé tant de fois, réunissez des notes
par de savans calculs, et faites exécuter pour
vous seuls vos chefs - d'œuvre; mais n'enva-
hissez pas les théâtres destinés aux plaisirs du
public; abandonnez-le à son ignorance, et souf-
frez qu'il s'amuse.

Les opéra sans verve, fruits arides de la science
et du travail, ont leurs partisans qui s'extasient
aussitôt qu'ils y trouvent des difficultés vaincues.
J'en connais de plus grandes à surmonter. Ce
qu'on produit rarement en musique, ce sont les
chants expressifs et flatteurs; ils exigent du génie et d'heureuses études. Que d'efforts s'épargne l'élève qui veut seulement parvenir à se
montrer savant! Il atteindra son but; pourvu
qu'il ne soit ni distrait par la sensabilité, ni gêné

par le goût, et que l'obstination soit sa qualité dominante.

Entre ce musicien et le véritable artiste, il existera la différence qu'on remarque entre le versificateur et le poète. Avec peu de talent et beaucoup de patience , on écrit des vers corrects ; les vers qui ne s'imitent point sont ceux où le sentiment reçoit un nouveau feu de l'harmonie et des images. Si, pour composer un morceau descriptif, il est nécessaire d'employer des soins laborieux, d'autres difficultés encore s'opposent à ce que nous entendions souvent des vers où les richesses poétiques s'allient au sentiment : il faut que la nature crée un poète, et que les muses elles-mèmes l'instruisent dans son art.

Formons-nous une théorie juste sur le mérite de la difficulté vaincue. Des obstacles sans nombre hérissent la carrière que s'ouvre le génie, il s'irrite et les dompte ; il donne à ses productions un éclat vif et pur , et desirant que rien n'altère le plaisir qu'il fait naître , il dissimule ses efforts, il voudrait en effacer les plus légères traces. Mais lutter contre un obstacle sans qu'on puisse, en le surmontant, causer de plaisir réel, le vaincre afin de nous montrer qu'on l'a vaincu, c'est oublier le but des arts, c'est tomber dans la puérilité, c'est faire de ses forces un emploi ridicule. Quand nous obligeons l'auteur tragique à versifier ses drames, nous lui demandons un travail difficile sans doute; n'importe, son harmonieux langage enchantera l'oreille et l'esprit. Mais combiner des vers en sonnet, en rondeau, rimer des acrostiches, voilà des difficultés niaisement vaincues pour elles-mêmes; et celles que se propose le compositeur n'ont souvent rien qui soit plus digne d'intérêt. L'impuissance conduit à ces insignifians travaux qu'on veut nous faire applaudir. Trop faibles pour triompher des obstacles imposans que présentent les arts, de petits esprits savent en trouver d'autres, contre lesquels ils s'exercent hardiment, certains qu'ils sont de les avoir choisis à leur portée.

Exigeons, d'abord, que les résultats de la difficulté surmontée nous plaisent; nous pourrons ensuite la considérer en elle-même, et l'admirer. Après avoir joui des vives émotions qu'inspire un poème, il est satisfaisant d'examiner jusque dans les détails de cet ouvrage, combien il a fallu de talent, d'études et de soins pour approcher ainsi de la perfection. Mais, répétons-le encore, la difficulté vaincue sans résultat est indigne des poètes et des artistes; il faut la laisser aux charlatans, aux bateleurs, à tous ces hommes qui, par leur vaine adresse, amusent quelques instans les yeux, et ne disent rien à l'esprit.

Je distinguerais, au théâtre, trois genres de musique. Il en est une peu expressive, enchanteresse par mélodie; nous verrons qu'elle agit sur l'âme, et que des barbares seuls pourraient la dédaigner. Une autre est expressive et mélodieuse : celle-ci réunit les plus précieux avantages; et sans elle, il faudrait renoncer aux effets puissans des compositions dramatiques. Enfin, la dernière n'exprime aucun sentiment, n'est point agréable à l'oreille, et son mérite se réduit à des difficultés connues des artistes. Lorsque je subis l'ennui de l'entendre, je me souviens toujours de cette anecdote. Un amateur de musique

écoutait, avec impatience , un joueur d'instrument qui suait en agitant son archet. *Monsieur,* lui
dit-on , *savez-vous que ce qu'il fait est très difficile ? Très difficile,* répondit l'amateur, *et je
voudrais bien que cela fût impossible!*

Ah! pourquoi dégrader les beaux-arts? Quels
profanes les réduisent à s'occuper de froids calculs? Enfans des muses, et dignes de leur céleste
origine, ils doivent charmer les sens, intéresser
l'âme; et toujours l'expérience atteste que les
plus délicieuses émotions naissent d'une impression morale. Lorsqu'on entend la scène d'OEdipe
et d'Antigone, ou le trio de *Félix*, ou l'air du
père dans *Stratonice*, ou le chœur des *Deux
Journées: Oh! céleste Providence!* on goûte un
charme attendrissant qui pénètre l'âme et l'élève.
C'est plus que de l'admiration, c'est de la reconnaissance qu'on éprouve pour l'art enchanteur
qui fait naître des sentimens si purs et des
plaisirs si vifs.

CHAPITRE XIV.

APPLICATION DU MÊME PRINCIPE A LA POÉSIE.

La poésie peut n'avoir d'autre objet que de plaire; elle vit d'harmonie et d'images, ses brillantes richesses suffisent pour captiver l'esprit. Il vaut mieux la laisser, dans son indépendance, offrir à l'imagination d'ingénieuses chimères, que de vouloir la rendre pédantesquement instructive. Elle existe dans les pages riantes que trace un aimable délire; elle meurt, dès qu'on l'asservit aux lois didactiques d'une froide philosophie.

Les prosateurs eux-mêmes ont senti le besoin d'animer leurs écrits. Une seule observation prouverait à quel point ces hommes, dont le but fut de nous éclairer, desiraient de nous plaire. Fénélon , Bossuet , Rousseau , Montesquieu ,

Buffon, se distinguent dans leurs styles, par des qualités différentes ; il en est une que tous ont possédée ; tous ont voulu répandre sur les pensées plus d'éclat, plus de force ou de grâce, en donnant aux paroles une heureuse harmonie.

Dédaignons le versificateur qui veut nous rendre attentifs à d'arides leçons. Mais quel avantage pour le poète, quand son sujet l'appelle à révéler toute la dignité de son art, et concourt à nous faire sentir l'impression du beau ! Horace, privé de sa philosophie, ne serait plus le poète aimé de la vieillesse, ainsi que du jeune âge ; ôtons-lui sa sagesse, de quel attrait nous aurons dépouillé son talent ! Supposons Virgile choisissant, pour sujets d'églogues, des scènes intéressantes ; ses vers magiques nous paraîtront s'embellir encore.

La gaîté d'une intrigue ne suffit point à l'auteur comique, et ses grandes conceptions doivent offrir quelque chose de sérieux. *Turcaret*, considéré superficiellement, est une pièce bouffonne. Ne l'admire-t-on pas davantage, lorsqu'on y voit les hommes qui trafiquaient des misères publiques, exposés au théâtre sous le fouet sanglant du ridicule? Dans aucun ouvrage, si l'on excepte *Tartuffe*, le poëte comique ne se montra plus hardiment le vengeur de la morale et de la société. Le *Légataire* est peut-être le chef-d'œuvre de la gaîté française ; cependant ne laisse-t-il rien à desirer? Après avoir ri de tant de scènes et d'idées plaisantes, on sent combien Regnard eût ajouté d'importance à cette comédie, s'il avait eu pour but de montrer le célibataire expiant un long égoïsme, au milieu de valets insolens et de collatéraux avides. *

Dans l'Attique, où la liberté fécondait tous les arts, la tragédie n'excitait pas seulement la terreur et la pitié, elle inspirait aussi l'amour de la patrie. Appelés aux plus hautes destinées, les poëtes créaient la religion et l'histoire pour un peuple amoureux des beaux-arts. La poésie brillait alors de

---

* Beaumarchais a dit qu'il ne manque à cette pièce que d'être intitulée *le Vieux Célibataire*. Telle qu'elle est composée, ce titre me semblerait peu lui convenir

tout son éclat: elle n'est plus la sœur de la législation; sa lyre, ses muses, ses autels n'existent que dans nos souvenirs; mais c'est le choix des sujets qui peut réveiller encore des étincelles du feu poétique.

Nous avons vu paraître des multitudes de volumes écrits en vers. Le mécanisme de la versification est maintenant connu par des jeunes gens qui n'ont fait aucune autre étude. Il est plus que jamais nécessaire que le sujet d'un poème intéresse vivement, que la fable soit disposée d'une manière dramatique; et que ces avantages, secondant le génie du poète, viennent aider ses vers harmonieux à charmer les esprits.

Pour décider de la prééminence d'un art sur un autre, le public examine, compare les plaisirs qu'il leur doit; ses plaisirs seuls règlent ses jugemens. Les rangs accordés aux différens arts, en jugeant ainsi, se trouvent fixés comme ils le seraient si l'on eût observé le degré de puissance que chacun d'eux a pour communiquer des sentimens et des pensées. Au premier rang s'élève la poésie: c'est elle qui parle avec le plus de clarté à l'esprit, au cœur, à l'imagination; c'est elle qui répandit l'amour des lois , et qui peut encore nous donner les plus douces leçons. La musique, la peinture, la sculpture, s'environnent d'une gloire moins imposante; elles n'ont pas la même fécondité de pensées, et ne sauraient exercer une aussi vaste influence. On place généralement l'architecture après les arts que je viens de nommer : elle n'a guère d'autre moyen, pour inspirer des idées, que de rendre l'extérieur de ses édifices analogues à leur destination , par la richesse, ou l'élégance ou la sévérité de ses dessins. Enfin la danse me paraît être au-dessous des beaux-arts, comme la poésie est au-dessus d'eux. Cependant cet art frivole, en s'alliant à la pantomime, réveille des idées, excite des émotions; et c'est alors surtout qu'il obtient nos applaudissemens. *

* Qu'un jeune danseur qui s'exerce à former des pas en mesure, croie qu'il apprend un des beaux-arts, j'excuse son ignorance et sa vanité ; mais ce n'est point la danse proprement dite, c'est la danse imitative, la pantomime , que les anciens comptèrent parmi les beaux-arts. Plutarque l'appelle *une poésie muette* , et nomme la poésie *une danse parlante.*

Je ne puis néanmoins me résoudre à donner une grande importance à cet art qui nous amuse, nous intéresse un instant, et dont il ne reste rien. Jamais les Grecs, si justes appréciateurs de tout ce qui peut flatter les sens et l'imagination, ne donnèrent une place à la pantomime, dans leurs belles représentations dramatiques. L'espèce de fureur que les Romains ont eue pour ce genre de spectacles prouve bien moins son importance que la corruption de leur goût. Pylade et Bathyle portèrent à un haut degré l'art du geste ; mais bientôt les émules de ces acteurs ne se distinguèrent que par l'obscénité de leurs méprisables jeux. Quelques-uns de nos ballets pantomimes réunissent, je crois, ce que la danse peut offrir de plus agréable et de plus séduisant ; il est, cependant, impossible d'élever au rang des auteurs un maître de ballets.

Si je croyais que la pantomime dût nous occuper davantage, il me serait facile d'appliquer à ce genre de compositions mes principes sur le beau. Je renvoie aux *Lettres* de Noverre *sur les Arts imitateurs*. On y verra que l'auteur demande la simplicité dans un ballet, qu'il veut qu'on imite la nature, et qu'il cherche les moyens non d'éblouir les yeux, mais d'émouvoir le cœur.

CHAPITRE XV.

DES SUJETS QUI S'OPPOSENT A L'EFFET DU BEAU.

Si l'artiste ne cherche que le mérite de l'exécution, et néglige le puissant moyen de succès sur lequel nous venons de porter nos regards, qu'il rejette du moins les sujets contraires aux nobles émotions que son talent le destine à produire.

Les sujets dont s'indigne la fierté des arts, les honteux monumens où la tyrannie est flattée par une main servile, repoussent l'effet du beau. En s'alliant à des sujets qui flétrissent notre âme, le talent perd son pouvoir de l'élever.

Les erreurs d'une imagination brillante ont quelquefois enfanté de licencieux tableaux, et la sagesse a gémi de quelques productions échappées au génie. Poëtes, artistes, ne compo-

sez jamais d'ouvrage qui puisse coûter un repentir à la jeunesse, et des pleurs aux pères de
famille !

Enfin, le goût doit éloigner les sujets dont
l'effet pénible s'oppose à celui que le beau veut
nous faire éprouver. Craignons d'abuser de ces
vers :

> Il n'est point de serpent, ni de monstre odieux
> Qui, par l'art imité, ne puisse plaire aux yeux.
> D'un pinceau délicat l'artifice agréable,
> Du plus affreux objet, fait un objet aimable.

Ce précepte me semble trop absolu : il est
des objets hideux que l'artiste, ami de nos plaisirs, ne reproduira jamais sur la toile. Boileau
s'adresse aux poètes; et le sens de l'ouïe, recevant les idées d'une manière moins vive et moins
nette que le sens de la vue, on peut décrire des
objets qu'on doit éviter de peindre. Mais il est
nécessaire encore de restreindre, pour les poètes, le précepte cité, ou des fables révoltantes
dégraderont la scène.

L'abbé Dubos établit ce principe : *Plus les
actions que la poésie et la peinture nous dépei-*

gnent, auraient fait souffrir en nous l'humanité, si nous les avions vues, plus les imitations que ces arts nous en présentent ont de pouvoir pour nous attacher *. On juge l'absurdité d'une pareille théorie, aussitôt qu'on voit ses conséquences. Il faudrait donc que le peintre cherchât des crimes atroces, et vînt les retracer avec toutes les circonstances capables d'ajouter à l'effroi qu'ils inspirent? Il faudrait donc étrangler Bajazet et déchirer Athalie, aux yeux des spectateurs? S'il existait dans l'homme une disposition qui lui fît aimer les spectacles cruels, ce serait aux beaux-arts à combattre en lui cette disposition funeste, à calmer son âme, à lui faire goûter le charme des émotions douces. J'admets que des êtres grossiers trouveront un spectacle d'autant plus attachant, qu'il sera plus horrible; mais les autres hommes en détourneront les yeux. L'exercice de la pensée donne une heureuse délicatesse : il est nécessaire, pour captiver le suffrage des juges éclairés, que les arts évitent ce

---

* Réflexions critiques sur la poésie et la peinture.

qui froisse le cœur; et souvent ils l'évitent par des moyens ingénieux. Ainsi la tragédie, peignant les crimes et le malheur, emploie des personnages d'une condition étrangère à la nôtre : qu'ils soient pris dans la classe commune, nos émotions seront plus fortes, mais elles deviendront pénibles : si la fable d'Œdipe était le sujet d'un drame, qui pourrait en supporter l'horreur?*

* On a beaucoup écrit pour et contre le drame. Je n'aperçois pas de motif pour proscrire ce genre de pièces ; mais je dirai, avec la même franchise, que je ne suis très satisfait d'aucun drame. Voici, ce me semble, le grand obstacle au succès réel de ce genre d'ouvrages. Nous sommes juges trop clairvoyans des actions et des discours des personnages qu'on y fait paraître. Aussitôt que les évènemens imaginés par l'auteur s'éloignent de l'ordre habituel, nous les croyons romanesques ; et cependant, ce n'est pas avec des évènemens aussi simples que ceux qui remplissent le cours ordinaire de la vie, qu'on pourrait composer une fable attachante. De même, si le langage des héros du drame est élevé, soigné, nous le trouvons bientôt emphatique, maniéré ; et cependant, s'il était calqué sur celui de la conversation, il manquerait de la noblesse et de l'élégance qu'exige le théâtre. Je crois presque impossible d'éviter ces doubles écueils.

Sans blesser le goût, on peut employer le pathétique avec une vigueur dont les maîtres de
la scène française ont craint de faire usage. Cette
opinion, je pense, n'est pas contestée; et l'on
aperçoit, sans doute, pourquoi nos poètes étaient
moins hardis que les poètes de la Grèce.

L'écrivain le plus indépendant ne saurait entièrement s'affranchir de l'influence de son siècle:
quelquefois, à son insu, elle agit sur ses opinions; et souvent elle détermine la manière dont
il les énonce. Cette influence doit être éprouvée
surtout par les auteurs qui réunissent leurs
juges au théâtre, et qui sont obligés de plaire
dans un instant donné. Aussi le caractère que
chacun des grands poètes tragiques imprime à ses
productions, offre-t-il de l'analogie avec le caractère de ses spectateurs. Racine écrivait au sein
d'une cour galante et polie; Corneille présentait
ses ouvrages à des hommes encore pleins du
souvenir des troubles civils; Shakespeare traçait
des scènes pour un peuple ignorant dans les arts,
imbu de superstitieuses croyances. Euripide et
Sophocle étaient dans la situation la plus favo-

rable que puisse ambitionner le poète tragique : un goût pur faisait desirer aux Grecs une action simple, des vers dignes de leur langue harmonieuse; et toutefois, leurs passions effervescentes, l'habitude des agitations politiques, les rendaient capables de soutenir des émotions fortes. Notre sévère délicatesse interdit long-temps à nos poètes d'élever le pathétique au degré où le portaient leurs maîtres. Voltaire, entouré d'hommes qui demandaient sans cesse des jouissances nouvelles, Voltaire sut donner à ses pièces plus d'action et de pompe que n'en offraient les ouvrages du siècle précédent; mais il n'osa point reproduire une partie des beautés que nous présentent les tragédies grecques. Nous eussions redouté l'imitation fidèle du cinquième acte de l'*OEdipe roi*, de cet acte sublime, digne d'être applaudi sur tous les théâtres du monde. Dans la pièce française, le grand-prêtre vient annoncer qu'OEdipe a satisfait le courroux des dieux, et Jocaste se tue. Ce dénoûment me paraît seulement ébauché, lorsque je le compare à celui qu'admiraient les Grecs. Leur OEdipe aveu-

gle reparaît sur la scène, il recommande à Créon
sa famille; et prêt à s'exiler, il ne veut qu'embrasser une dernière fois ses enfans : on les
amène, ses mains les cherchent; il les presse
contre son cœur; il leur adresse les plus touchans adieux, et s'arrache à tout ce qui lui reste.
Pour asservir au goût français le chef-d'œuvre
de Sophocle, il fallut le mutiler. On pouvait
donc, après Voltaire, tenter de s'ouvrir une
route nouvelle : quelques auteurs l'ont fait avec
succès, dans un petit nombre de pièces; mais
bientôt toutes les bornes ont été franchies, on
a confondu l'horrible avec le pathétique; et de
révoltantes atrocités ont souillé ce même théâtre,
où les spectateurs charmés avoient donné tant
de pleurs aux vers de Racine.*

---

* Si quelquefois les Grecs ont mis sur la scène des actions
qui nous révolteraient, il faut observer que leurs représentations théâtrales avaient moins de vérité que les nôtres,
et devaient par conséquent produire des sensations moins
vives. Les masques immobiles cachaient aux spectateurs
l'expression des figures; le chant des chœurs non-seulement
reposait l'âme, mais encore répandait sur toute la représen-

Les sensations que desire l'homme éclairé
doivent, en se variant, conserver toujours de
l'analogie avec cette disposition de son âme, qui
lui fait aimer la beauté morale et la beauté physique. Il faut que les émotions, loin d'user l'existence, animent, pour ainsi dire, la flamme de
la vie; il est essentiel que la réflexion les ap-
prouve, et multiplie les jouissances qu'elles ont
fait éclore.

Nous ne demandons pas seulement des sensations, nous voulons tel genre de sensations.
Cette vérité, si simple qu'elle paraît à peine mériter d'être écrite, échappe cependant à des
hommes qui ne se croient pas moins artistes ou
poètes. Ils s'imaginent qu'il suffira de nous agiter
violemment. Une conséquence juste de ce prin-

tation quelque chose d'idéal qui, sans détruire les effets
dramatiques, devait souvent les adoucir. La fable tant de
fois répétée sur la tragédie des *Eumenides*, est un conte
puéril qui ne peut soutenir le plus léger examen. Remarquons, d'ailleurs, que ce récit, en le supposant vrai, ne
prouverait rien contre le système d'imitation des Grecs,
puisque l'art était loin de sa perfection à l'époque d'Eschile.

cipe absurde, c'est que les émotions les plus fortes sont les plus desirables; et le jeune auteur s'extasie d'avance sur l'effet que produira son drame ou son roman, lorsqu'il vient de concevoir l'idée d'une situation effrayante et bizarre. Le public est tellement blasé sur les horreurs qu'on lui présente, qu'il ne s'aperçoit point du degré de turpitude auquel on le fait descendre. Tout Paris alla voir, il y a peu d'années, une pantomime dans laquelle un homme était brûlé vif : on le voyait sur le bûcher, à travers les flammes, s'agiter, se débattre, se tordre les membres pendant plusieurs minutes. Personne ne se récriait contre ce spectacle de cannibales; les femmes n'étaient pas plus émues qu'à l'Opéra-comique, et la toile tombait au milieu des applaudissemens.[*]

Si l'on ne reprochait aux mélodrames que d'offrir aux oisifs de mauvais goût un spectacle ridicule, on aurait tort de vouloir qu'une classe nombreuse se privât d'un innocent plaisir. Mais, quand le public est accoutumé à ces ouvrages

[*] Cette pantomime était intitulée *Gérard de Nevers*.

où les caractères sont faux , les situations romanesques, les sentimens exagérés et les discours
emphatiques, la raison lui paraît timide et froide;
il faut, sur une scène où l'attendaient de plus
nobles plaisirs, transporter les extravagances
dont il a pris le goût et l'habitude.*

Toutes les observations contre les sujets révoltans s'appliquent aux arts du dessin. Le législateur d'une ville de la Grèce avoit prescrit
aux artistes de n'imiter qu'en beau la nature :
quelques-uns de nos peintres auraient eu besoin
de modifier leurs idées pour vivre dans cette
république.

Il est un homme que l'école française doit

* Les tirades sur la probité, la pudeur, l'héroïsme, dé-
clamées avec emphase dans les mélodrames , sont toujours
applaudies avec chaleur. Quelques personnes en concluent
que ce genre de spectacles laisse au peuple une impression
morale. Je pense, au contraire, qu'il est fort dangereux
d'accoutumer les hommes aux sensations violentes. On sort
de ces farces tragiques avec le besoin d'éprouver encore des
émotions fortes; et je parierais volontiers que les ouvriers
assidus le dimanche au mélodrame, sont plus dépravés que
ceux qui passent les jours de fêtes à la guinguette.

citer avec orgueil : la hardiesse de ses conceptions, la pureté de son dessin, la vigueur de son
coloris, le placent au rang des plus grands maîtres. Mais je vois deux de ses tableaux où la sombre horreur du sujet contraste avec les beautés
de l'exécution. Souvent l'ouvrage d'un peintre
rappelle à mon esprit celui d'un poëte, qui m'inspira des idées analogues aux sentimens que j'é-
prouve; et j'aime à rapprocher des talens qu'il-
lustrent des arts différens. L'artiste dont je parle
devait-il m'occuper de pensées sinistres et bizarres? lui qui, tant de fois, éleva mon âme! lui
qui, par un ouvrage plein de charme et de
grâce*, me fit autrefois rêver à Tibulle!

Je m'étonne qu'on traite des sujets révoltans.
Le plaisir de la composition résulte surtout de
ce qu'elle dissipe les sentimens pénibles, inquiets,
et nous fait parcourir des régions enchantées.
S'exercer sur des sujets affreux, c'est s'entourer
d'images lugubres, et se créer un monde plus
triste que celui qu'on abandonne. En supposant

* *Endymion.*

l'effervescence de l'imagination toujours enivrante et pure, quelles que soient les idées que médite l'auteur, il ne faudrait point oublier le but des arts. N'est-ce pas une étrange absurdité que de choisir des sujets contre lesquels il faut lutter, pour produire l'impression du beau?

L'artiste doit, plus encore que le poète, craindre de nous révolter. Nous voyons vaguement les objets que la poésie peint à notre oreille; elle peut les envelopper, pour ainsi dire, de ses périphrases et de son harmonie ; ils arrivent à notre esprit à travers un nuage brillant. Si l'on veut exciter le dégoût et l'horreur, qu'on transporte sur la toile les objets retracés dans ces vers où, cependant, le poète les a décrits sans métaphore :

> . . Je n'ai plus trouvé qu'un horrible mélange
> D'os et de chairs meurtris, et traînés dans la fange,
> Des lambeaux teints de sang et des membres affreux,
> Que des chiens dévorans se disputaient entr'eux. *

* On a fait de ces mots , *ut pictura poesis,* un axiome beaucoup trop général. Nous venons d'observer , pour la représentation des objets hideux , une différence essentielle entre

Le peintre fidèle aux principes de son art, n'em-
ploiera jamais la laideur sans la modifier. Je
m'exprime avec exactitude en disant que le pin-

les tableaux et les poèmes. Il est facile d'étendre nos observations à d'autres genres de sujets.

La poésie a bien plus de vérité que le dessin, lorsqu'il
s'agit de peindre le mouvement. La course d'Atalante peut
fournir au poète un tableau charmant; le peintre, en co-
piant cette scène, nous fatigue par l'immobilité de ses
coureurs.

Telle image, sublime en poésie, devient ridicule en peinture. Essayez d'exprimer sur la toile, *Dieu dit que la lumière soit*. Vous ne me ferez voir qu'un homme, et rien
n'annoncera le prodige qui s'opère. Raphaël lui - même
échoue, lorsqu'il tente une pareille entreprise; elle excède
immensément les bornes de son art.

Mais, quand la poésie veut représenter la beauté des
formes, ses tableaux sont faibles près des chefs - d'œuvre
de la peinture et de la sculpture. Pour lutter avec succès,
l'habile poète est obligé d'user d'adresse. Qui ne se souvient
de la manière ingénieuse dont le chantre de l'Iliade nous
donne la plus haute idée de la beauté d'Hélène? Il ne fait
point une description; il excite notre imagination par un
trait de sentiment, et nous oblige à nous peindre la beauté
la plus parfaite que nous puissions concevoir.

ceau doit donner , à la laideur même, un genre de beauté.

Les objets qu'on ne peut embellir, qui révoltent le cœur en offensant la vue, doivent être bannis des arts du dessin. Quand je vois un peintre de batailles s'exercer à rendre curieusement de hideuses blessures, je me demande pourquoi cet homme prend tant de peine à s'éloigner du but de son art, et s'il craint que son talent ait trop d'éclat et de charmes. *

Il faut saisir les passions vives à ce point où nos traits les expriment, sans en être défigurés. C'est peu que d'éviter cette expression exagérée, ces grimaces et ces convulsions qui produisent la laideur; il faut découvrir l'expression qui s'allie avec la beauté, et la rend plus enchante-

---

* Les batailles sont le plus mauvais genre de sujets que puissent traiter les peintres. Des chevaux qui galopent sans avancer, des sabres éternellement levés , des blessés qui devraient tomber, et qui restent en l'air, tout cela est fort ridicule. La raison demande à l'artiste de choisir une situation où, naturellement, ses modèles ont dû rester au moins quelques instans.

resse. Un jeune artiste avait choisi la mort de Thisbé pour sujet de tableau. Il fit une esquisse, et sollicita des critiques. Dans cette composition, Thisbé approche le fer de son cœur, et lève, avec une sorte de calme, ses yeux vers le ciel. Quelques personnes invitaient l'auteur à nous frapper plus vivement par une grande expression de douleur. Les unes voulaient qu'il représentàt l'amante désolée, à l'instant où le corps sanglant de Pyrame s'offre à sa vue ; les autres voulaient que le fer fût enfoncé dans son sein. Guidé par un sentiment juste des beautés de son art, le peintre refusa de suivre ces conseils. En montrant Thisbé saisie d'épouvante, il eût fallu bouleverser ses traits ; en mettant le fer dans son sein, il eût fallu peindre la douleur physique ; dès lors la beauté s'altérait, ses formes suaves n'existaient plus. Après les éclats du désespoir, une résolution héroïque assure Thisbé que le malheur va finir ; des forces surnaturelles s'emparent de son être, ses yeux se lèvent avec sérénité vers le ciel. Ce moment sublime, si favorable au développement de la beauté physique, est celui que devait choisir l'artiste. Sans doute, si l'on peint le sang, la rage, les convulsions de la mort, on frappera plus violemment la multitude; mais l'homme éclairé perdra les plaisirs que l'art excitent par des beautés qui flattent la vue, et les émotions qui naissent d'un spectacle simple et touchant.*

* Montesquieu était trop bon observateur pour ne pas sentir combien il est essentiel d'ennoblir et d'adoucir les sujets destinés à la peinture. « Michel-Ange, dit-il, est le « maître pour donner de la noblesse à tous ses sujets. Dans « son fameux Bacchus, il ne fait point comme les peintres « de Flandres, qui nous montrent une figure tombante , et « qui est pour ainsi dire en l'air. Cela serait indigne de la « majesté d'un dieu. Il le peint ferme sur ses jambes; mais « il lui donne si bien la gaîté de l'ivresse , et le plaisir à « voir couler la liqueur qu'il verse dans sa coupe , qu'il n'y « a rien de si admirable.

« Dans la Passion qui est dans la galerie de Florence , il « a peint la Vierge debout, qui regarde son fils crucifié, « sans douleur, sans pitié, sans regret, sans larmes. Il la « suppose instruite de ce grand mystère, et par là, lui fait « soutenir avec grandeur le spectacle de cette mort.

« Il n'y a point d'ouvrage de Michel-Ange où il n'ait mis

Les personnes avides de scènes lugubres, effrayantes, ont la prétention d'être les plus sensibles; mais le besoin de pareils spectacles prouve, au contraire, un défaut de délicatesse dans les organes. L'homme sensible est attendri par les peintures gracieuses des artistes et des poètes. Les situations déchirantes ne sont pas les seules qui fassent couler ses pleurs; tout ce qui est grand, noble, généreux, a droit de l'émouvoir. Voilà le juge du talent, les autres hommes n'en connaissent que les écarts et la dégradation.

Dès qu'on rêve à la puissance du beau, le souvenir des Grecs vient occuper l'esprit et flatter l'imagination. Chez ce peuple idolâtre des arts, l'éloquence s'alliait aux affaires, les sages unissaient le culte des muses à celui de la philosophie, et le législateur invoquait le secours des poètes. Les Grecs estimaient tous les biens

« quelque chose de noble. On trouve du grand dans ses
« ébauches même, comme dans ces vers que Virgile n'a point
« finis. » (*Essai sur le goût.*)

qui rendent la vie plus douce, et le plaisir les attachait à leur patrie. Animés par l'influence d'un ciel pur, d'un gouvernement libre, d'une religion séduisante, ils appelaient, avec transport, le génie à reproduire la beauté; et presque toujours ils desiraient qu'elle fût calme, sereine, telle qu'on doit l'offrir à des êtres heureux. Les idées qui peuvent attrister l'existence, se voilaient pour eux sous de brillantes allégories : les parques, dans leurs tableaux, étaient de belles vierges avec des ailes; les furies même, dont ils effrayaient les coupables, perdaient leurs formes hideuses sous le pinceau des artistes *. Aux bienfaits du climat, du gouvernement et de la religion, s'unissait l'éclat des

---

* Winckelmann, *Histoire de l'art*, liv. 4, chap. XII.

Dupaty que regrettent les arts, avait des idées justes puisées aux sources antiques. Dans son groupe d'Oreste, l'Euménide surtout est remarquable. On ne la voit point enflammée de courroux, rassembler ses forces, et s'agiter pour frapper Oreste de ses serpens : elle exerce la justice, non la vengeance. Cette imposante et belle Euménide est debout, ses traits sont nobles, sa figure calme a **quelque**

récompenses. Polygnote décora d'admirables peintures un portique d'Athènes ; les Amphictyons lui donnèrent un logement dans chaque ville de la Grèce. L'éloquent Gorgias harangua dans les jeux publics ; une statue d'or lui fut décernée, et l'anniversaire du jour où l'on avait entendu cet orateur fut consacré par des fêtes. Ainsi se prolongeaient, dans un âge éclairé, les rêves du siècle poétique, où la crédule reconnaissance divinisa les inventeurs des arts.

Le cours des idées est changé, une immense révolution s'est faite dans les esprits. Les ravages des barbares, le gouvernement féodal, les fausses interprétations du christianisme ont répandu, chez les peuples modernes, une mélancolie décourageante, à laquelle ils n'échappent, par intervalles, qu'en se livrant aux accès d'une folie vive et légère, turbulente et gaie, qui, bannissant la réflexion, ne dispose point les âmes à ressentir l'impression du beau.

chose de l'impassibilité du destin ; ses mains s'ouvrent sans effort, et les serpens s'élancent sur leur proie. Voilà de la sculpture ; voilà de la poésie !

Sans doute, nous devons des pleurs aux imitations intéressantes par leur tristesse; et n'en connaissaient-ils pas déjà le pouvoir, ceux qui retracèrent les douleurs de Niobé? Les arts en faisant naître tantôt des émotions riantes, tantôt des émotions tristes, ressemblent à la nature qui nous montre, tour-à-tour, les beautés du jour et celles de la nuit. Mais il est des idées, des sentimens repoussés par les muses. Que les poètes et les artistes, au lieu de favoriser une sombre disposition des esprits, l'éloignent d'eux et de leurs admirateurs! qu'ils se garantissent des préjugés du vulgaire, en existant loin du monde, au sein d'une retraite embellie par les arts et par les songes d'une imagination brillante!

CHAPITRE XVI.

DE QUELQUES - UNES DES CAUSES QUI PEUVENT AJOUTER A LA BEAUTÉ D'UN OUVRAGE.

LORSQU'UNE production des arts réunit les qualités qui forment le beau, il est essentiel encore que les objets dont elle est environnée, les circonstances dans lesquelles on l'offre à nos regards, contribuent aux effets que l'auteur a dessein d'obtenir.

Supposons qu'un ouvrage doive nous émouvoir par sa majestueuse tristesse. Des impressions analogues à ce sentiment naissent - elles des objets qui l'entourent ? elles se confondront aussitôt avec l'impression qu'il nous cause. Agissent-elles dans un sens opposé ? le génie luttera peut-être vainement pour captiver l'attention. Lorsque j'entends ces mots : *Stabat mater dolo-*

rosa, si je vois, pour exécuter ce chant religieux, des femmes élégamment vêtues, un tel contraste me blesse. Distrait par les décorations de la salle, par l'éclat des lumières et la richesse des parures, le seul sentiment que j'éprouve est le regret de voir profaner un chef-d'œuvre. Qu'il soit exécuté le soir, dans une église, que le chant solennel résonne sous les voûtes du temple, en présence d'une assemblée silencieuse et recueillie, celui-là même que le seul amour des arts appelle dans cette enceinte, ressent une émotion profonde; il entend la pensée du compositeur inspiré, et sait enfin quel trouble portent à l'âme les chants religieux et pathétiques.

Les arts du dessin peuvent offrir une foule d'observations analogues à celle qu'on vient de lire. Les musées sont peu favorables aux grands effets de la peinture et de la sculpture; ce sont de vastes magasins, où s'entassent des richesses que leur nombre même permet à peine d'admirer. Une statue peut recevoir un caractère auguste et touchant du lieu où elle s'offre à notre hommage. On vient d'élever le tombeau du général Bonchamps. Ce français estimé de tous les partis, est représenté blessé mortellement, et se soulevant avec effort pour donner l'ordre d'épargner les prisonniers. Combien le lieu où ce monument est placé ajoute à l'émotion que partout il produirait! Ce tombeau est érigé dans l'église où se trouvaient renfermés les prisonniers auxquels Bonchamps, près d'expirer, sauva la vie.

Ne regrettons point que les chefs-d'œuvre de la sculpture grecque aient revu le beau ciel de l'Italie. Nous les possédions, lorsque je publiai la première édition de ces Études, et je disais alors : L'Apollon produit sur nos jeunes artistes une impression moins vive que lorsqu'ils allaient le contempler sur les rives du Tibre. C'était après un long pélerinage que l'artiste voyageur parvenait à l'autel du dieu; il entrait dans le sanctuaire avec une imagination enflammée par les desirs et l'espérance qui, durant la route, avaient soutenu son courage. Ses vœux s'accomplissaient : il restait immobile, saisi de l'éclat dont le dieu frappait son âme exaltée.

Si les monumens ne peuvent toujours être en

harmonie avec l'enceinte où ils sont placés, du moins faudrait-il éviter une confusion qui distrait l'esprit, et ne permet ni de rêver, ni d'être ému. Les chefs-d'œuvre les plus précieux de la peinture et de la sculpture ne pourraient-ils avoir chacun une salle séparée? Ne devrait-on pas leur construire un édifice, un temple, d'après cette idée, et prouver ainsi que les modernes savent encore honorer les arts?

Quelquefois, un ouvrage d'architecture perd son aspect majestueux, parce que les bâtimens voisins s'élèvent, ou que la place qu'il décore devient trop vaste. Souvent, au contraire, une estampe le fait paraître plus beau qu'il n'est en réalité, parce que le dessinateur a su l'entourer d'objets qui l'embellissent. Je regrette que, rarement, on puisse planter des arbres près de nos édifices. Ce mélange des productions de l'art et de celles de la nature, la variété des formes et des couleurs, les accidens de lumière, l'immobilité des colonnes et le mouvement du feuillage, sont la source de contrastes et d'effets enchanteurs.

L'art d'ajouter à la beauté par les objets qui
l'environnent, est un art que la coquetterie médite, ou saisit par instinct. On croirait, d'abord,
qu'elle sait mal juger ses intérêts, en adoptant
sans cesse des modes différentes. Il semble
qu'une femme devrait choisir et garder long-
temps un costume qui, nécessairement, embellit mieux que tout autre sa taille, ses traits et sa
physionomie. Mais l'amour-propre dédaignera
toujours cette observation qui, d'ailleurs, n'est
point d'une justesse parfaite. On peut, en changeant de parures, varier sa beauté ; et quel avantage, pour la coquetterie, que de satisfaire la
mobile inconstance de ses goûts et des nôtres !

La nature, que les artistes doivent étudier
sans cesse, la nature nous offre des exemples sans
nombre du charme que les êtres, dont elle est
peuplée, reçoivent ou perdent dans les différens
sites au milieu desquels nous les apercevons. Sur le
rivage, les oiseaux aquatiques sont lourds, leur
marche est lente, embarrassée ; mais quand le
cygne vogue sur les eaux, la noblesse de son
port, la grâce de ses longs circuits, le frémisse-

ment de ses ailes, rappellent à l'imagination la fable de Léda. Sans doute la chèvre est d'une figure bizarre; mais quand elle franchit les précipices, en bondissant d'un sommet à l'autre, ou lorsque, parvenue à la crête de la montagne, ses formes singulières se dessinent sur le fond azuré du ciel, cet animal est pittoresque, comme les sites sauvages où le conduit son intrépidité.

Il y a, pour l'observateur, un art d'ajouter à l'effet des grands tableaux de la nature. Sur quelques hauteurs du Jura, on découvre trente lieues de la Suisse, ses villes, ses lacs et ses riches campagnes, que bornent au midi les Alpes couronnées de neiges éternelles. Pour rendre magique cette scène admirable, il faut gravir la montagne avant le lever du soleil, il faut voir le ciel blanchir, s'empourprer, et les rayons de feu se déployer dans l'espace : alors, les pompes du ciel et la magnificence de la terre charment les yeux, et plongent l'âme dans une ravissante extase. Il est un spectacle encore plus imposant que celui des hautes montagnes, c'est le spectacle d'une vaste étendue de la mer. Ici, le mouvement s'unit à l'immensité pour frapper les regards et troubler l'imagination. Mais combien les rêveries qui naissent à l'aspect de l'Océan, deviennent plus profondes lorsque, durant la nuit, sur une plage solitaire, on le contemple éclairé par la lune! Le mouvement de cette masse effrayante, au milieu du calme de la nature; le cri des vagues qui, seules, interrompent le silence universel, en gémissant contre la grève, pénètrent le cœur de tristesse et, si j'ose dire ainsi, le remplissent d'une prodigieuse mélancolie.

CHAPITRE XVII.

DU SUBLIME.

EN général, les hommes considèrent le sublime comme le résultat d'un imposant désordre; ils le voient sortir des ruines et des tempêtes. Un Anglais célèbre pense qu'il produit toujours un sentiment de terreur. [*]

Le désordre de la nature ou du génie excite les émotions les plus vives; saisis par les beautés qu'il enfante, nous sommes quelque temps froids pour les beautés plus pures qui n'ont point la même hardiesse. Burke, cependant, n'aperçoit qu'une partie du sublime. On tressaille au premier aspect de l'Apollon; et jamais la tristesse où la crainte n'altère l'émotion dont sa vue

[*] Burke. *Recherches sur l'origine de nos idées du sublime et du beau*

nous pénètre. Combien de vers sublimes expriment des pensées généreuses et consolantes? Ils réveillent le sentiment de nos forces, non celui de notre faiblesse ; le trouble qu'ils inspirent naît de la rapidité avec laquelle ils nous transportent dans une région supérieure à celle où nous végétons.

Les effets du sublime sont plus difficilement produits par les sentimens haineux et cruels que par les sentimens touchans et bons. Dans le *Don Carlos* de Schiller, le roi, épouvanté du crime qu'il est près de commettre, fait appeler dans la nuit le grand inquisiteur, et lui demande si, réellement, il peut être agréable à Dieu que le sang d'un fils soit versé par son père. L'inquisiteur, levant les yeux au ciel, répond : *Dieu fit mourir son fils pour expier les fautes du genre humain.* Il est impossible d'imaginer un mot plus profondément atroce. Cette réponse est-elle sublime? On ne prononce qu'en hésitant. A ce mot, opposons celui-ci. Une femme avait perdu son fils unique ; un prêtre cherchait à lui faire trouver dans le ciel les consolations qui

n'existaient plus pour elle sur la terre; il citait Abraham prêt à immoler son fils, aussitôt
que Dieu le lui eut commandé: *Ah! mon père*, s'écria cette femme, *Dieu n'aurait jamais exigé ce
sacrifice d'une mère !*

Distinguons deux genres de sublime. L'un
est produit par un admirable désordre, et par
les défauts même qui font ressortir avec plus d'éclat les beautés. L'autre appartient à ces chefsd'œuvre où le beau reçut une telle perfection
que, pour le désigner, l'enthousiasme eut besoin d'une expression nouvelle.

C'est celui-ci qui doit, surtout, captiver les
regards des jeunes poètes et des artistes naissans.
Son influence est toujours salutaire et féconde;
animé par elle, si l'on ne peut atteindre le but,
on cueille encore des palmes dans la carrière.
Pour enfanter l'autre genre de sublime, il faut
des circonstances rares qui laissent au talent
toute son originalité. En essayant de suivre les
traces des hommes qu'il immortalise, on reproduit leurs fautes, on n'a point leurs inspirations.
Que sera-ce si, dans un vain délire, on croit su-

blimes les écrivains qui ne sont qu'emphatiques ?
J'ai vu des jeunes gens lire avec avidité les pages
boursoufflées d'Young, et pour ainsi dire se re-
paître de ses exagérations. Certes, si l'auteur des
Nuits est sublime, ce n'est pas lorsque entassant les
mots, il rend avec effort des pensées obscures, ou
multiplie les descriptions bizarres ; c'est lorsque,
simple et déchirant, il se peint, victime de l'intolé-
rance, obligé d'enterrer lui-même sa fille unique,
de l'emporter sur ses épaules, à travers les ténèbres, *ressemblant plus à son assassin qu'à son père.*

Les auteurs célèbres par une extrême originalité, ont des beautés qu'il faut goûter en lisant
leurs écrits, mais qui passent rarement avec
bonheur, de la littérature d'un peuple dans celle
d'un autre peuple. Certains ouvrages ressemblent à ces monumens qui doivent une partie
de leurs charmes aux sites pittoresques dont
il sont entourés. Lorsque je lis Ossian, je me
transporte sous un ciel nébuleux ; je vois le
Barde sur la montagne, accorder sa harpe à la
lueur du pin embrasé : il célèbre les héros morts
au champ du carnage, et délasse les braves qui

les suivront bientôt. Une nature toute sauvage, une mythologie toute guerrière, me plaisent, en me faisant connaître des émotions nouvelles. Mais qu'un Français emprunte les sombres et monotones images d'Ossian, il blessera mon goût et ma raison : nous n'avons pas sous les yeux la même nature que les bardes, nous n'avons pas leurs mœurs; ce qui est vrai dans leurs chants est absurde dans nos écrits.

La Bible est une source abondante d'exemples sublimes; on y trouve une foule de pensées, de sentimens et d'images dont la grandeur étonne; il y règne une simplicité qui semble appartenir aux premiers temps du monde. Mais la naïve énergie qui caractérise les livres hébreux, ce ton patriarcal et cet accent prophétique, dont ils reçoivent tantôt leur charme attendrissant, tantôt leur élévation prodigieuse, ne conviennent aux ouvrages modernes, que pour les sujets encore pleins de l'antique religion des Juifs, et pour ceux où le christianisme fait entendre ses leçons paternelles. Une simplicité si nue, une élévation si hardie, transportées aux sujets ordinaires,

laissent voir le travail de l'esprit et deviennent
recherchées. L'imitation, d'ailleurs, est trop sensible; on n'est pas original, quelque étonnante
que soit l'originalité qu'on imite.

Soit qu'on voie le sublime résulter du désordre
de la nature ou du génie, soit qu'on le voie
naître de la perfection du beau, qu'on admire
les horreurs de la tempête ou les merveilles de
l'aurore, en remontant des effets qu'on éprouve
à leur cause, l'idée qui s'offre toujours à l'imagination est celle d'une grande puissance mise
en mouvement pour opérer ces effets. Cette
grande puissance, dans les arts, c'est la pensée.
Le talent d'exécution peut produire le beau, il
n'appartient qu'à la pensée de créer le sublime.

Il serait superflu de prouver aux poètes, aux
orateurs, qu'ils ne doivent attendre cette haute
qualité que des vives inspirations de leur âme.
Sans doute la manière d'énoncer une idée l'obs-
curcit ou lui donne de l'éclat; mais les rhéteurs
ont mal analysé, quand ils ont fait consister un
genre de sublime uniquement dans les expressions. Les mots sont les signes représentatifs de

nos idées : si la pensée n'est pas sublime, comment les signes représentatifs pourraient-ils l'être? et lorsqu'elle renferme cette qualité, peuvent-ils plus que la faire apparaître sous un jour favorable? Si le prétendu genre de sublime qui vient d'être indiqué, existait, on en trouverait surtout des exemples dans ces vers artistement travaillés, modèles de l'harmonie la plus imitative, chefs-d'œuvre de mots qui prouvent le talent et la patience de l'auteur. Chacun sait, au contraire, que l'expression du sublime doit être simple et concise, pour que de minutieux détails ne viennent point nous distraire d'un grand objet, et pour que cet objet, offert avec rapidité, nous cause une impression plus vive. Quelquefois nous sommes émus par le sentiment qui fait jaillir la pensée, d'autres fois par la grandeur de l'image dont elle est revêtue; et les distinctions des rhéteurs, à cet égard, sont justes.

J'admire, dans les tableaux, la pureté du dessin et la fraîcheur du coloris. Une seule de ces qualités assurera toujours la gloire d'un peintre; quoi qu'en disent ces hommes qui n'hésitent point à demander la perfection, qui ne s'inquiètent pas des difficultés que présente la réunion de beautés différentes, parce qu'ils jugent les arts sans les cultiver. Mais la correction du dessin, la vérité du coloris, ne produisent point le sublime ; il naît de la pensée de l'artiste.

Quand je vois le Saint Jérôme du Dominiquin, ce corps usé par l'âge et les austérités, se ranimer, revivre, pour ainsi dire, à l'aspect de son Dieu, je tressaille; et je sens quelle est la source du sublime dans les compositions des peintres.

Socrate, assis sur son lit de mort, parle à ses amis pour la dernière fois, et les regarde avec sérénité. Sans s'interrompre, sans détourner les yeux, il porte la main vers le poison que lui présente en pleurant un esclave. Cette main semble errer avec indifférence sur la coupe; tandis que l'autre, élevée vers le ciel, indique les pensées dont le sage entretient ses disciples. Quelle leçon de morale! Quel exemple sublime! Le génie de Platon revit dans ce tableau.

Si les peintres négligent l'invention, s'ils se bornent à cultiver les autres parties de l'art, ils pourront sauver leurs noms de l'oubli; mais leurs ouvrages y tomberont. La gravure retrace surtout la composition des tableaux; et les sujets insignifians nous donnent des estampes où le burin seul est admiré. Quelques siècles consument un chef-d'œuvre, les tableaux et même les gravures disparaîtront; l'ouvrage d'un peintre ne peut être éternisé que par une description éloquente, et les écrivains ne s'enflamment qu'à l'aspect des monumens qui leur révèlent toute la dignité des arts.

L'expression de la musique est trop peu déterminée pour que cet art, privé du secours des paroles, ait des beautés réellement sublimes. Il flatte l'oreille, il inspire la rêverie. L'homme doué d'une sensibilité vive, pourra se bercer de songes enchanteurs, et même concevoir des idées sublimes; mais je ne saurais accorder cette épithète aux sons harmonieux dont se nourrit l'effervescence de son imagination, effervescence qui, dans un autre instant, l'eût conduit à des rêveries différentes.

On a quelquefois entendu, dans une symphonie, des sons très élevés succéder brusquement à des sons très doux. Ce contraste qui, peut-être, causait une surprise agréable, n'avait rien de sublime. Qu'il ajoute à l'expression d'un sentiment, d'une idée, il pourra bouleverser notre âme. Gluck, au cinquième acte d'Armide, donne à ses chants une voluptueuse langueur. Le duo, *Armide, vous m'allez quitter!* respire la molle ivresse, la tendre inquiétude qu'éprouvent deux amans près de se séparer pour la première fois. Entraîné par la magie des sons et doucement ému, on se croit aux rives enchantées par la jeune souveraine qui désarme Renaud. Des guerriers paraissent; tout-à-coup un d'eux, interrompant les chants d'amour, fait retentir ces mots qu'accompagne le fracas des trompettes et des timballes : *Notre général vous rappelle!* Ce contraste fait tressaillir, on entend la voix de la gloire dissipant les songes de la volupté. C'est ainsi que l'art musical peut communiquer au langage une puissance nouvelle, et produire les effets du sublime.

La musique, unissant une foule d'impressions

vagues à l'impression positive qui naît des paroles, est féconde en moyens d'exciter le trouble et la rêverie. Les émotions les plus délicieuses,
comme aussi les plus effrayantes, sont celles dont
nous ne pouvons qu'imparfaitement nous rendre compte.

CHAPITRE XVIII.

DES ÉMOTIONS VAGUES.

Des plaisirs purs, enivrans, nous seraient inconnus, si le ciel ne nous donnait plus de force pour sentir que pour raisonner. C'est quand l'esprit cesse de s'exercer, que le cœur et l'imagination, mollement entraînés, goûtent la volupté des plus aimables rêveries. Ceux qui veulent analyser toujours ressemblent au chimiste qui, pour connaître les fleurs, en détruit l'éclat et les parfums.

Sous l'allégorie de Psyché, les anciens ont décrit quelques-uns des mystères de l'âme. Dans l'ombre des nuits, Psyché reçoit les caresses d'un époux qui jamais ne s'est offert à sa vue, et le bonheur l'environne. Mais, bientôt, elle veut connaître l'auteur de sa félicité. Imprudente! elle approche une lampe, son jeune époux s'éveille et s'envole.

Il est des qualités d'autant plus séduisantes que nous n'avons d'idée précise ni des effets qu'elles font éprouver, ni de la cause de ces effets enchanteurs. Qui peut définir la grâce, et la douce impression qu'elle produit sur nous? S'il est possible d'acquérir cette qualité, c'est en voyant des modèles, bien plus qu'en écoutant des préceptes. Existe-t-elle dans les formes du corps ou dans ses mouvemens, dans la physionomie ou dans les traits? Une femme sourit, et je suis ému par la grâce de son sourire: ce léger mouvement des lèvres produit donc le charme fugitif que je voudrais saisir? mais le sourire cesse, et la bouche conserve encore de la grâce. Supposons Terpsichore invitée par ses sœurs à leur révéler ce qui fait naître ce don précieux. Combien la muse de la danse va réunir de qualités élégantes, pour former celle dont le pouvoir est toujours certain! Vénus rit d'une savante leçon, et détruit l'auto-

rité des préceptes, en imitant avec grâce la marche de Vulcain.

Les traits de poésie ou d'éloquence qui font
sentir des émotions confuses, laissent une longue impression. J'aime cette comparaison d'Ossian : « La musique de Carryl était douce, mais
« triste, comme le souvenir du plaisir ou du
« bonheur passé. »

De toutes les descriptions de naufrages que
j'ai lues, je n'en connais pas d'aussi frappante
que ce court récit du voyageur Pinto. « Nous
« aperçûmes, à la lueur des éclairs, un vaisseau
« qui, comme nous, luttait contre la tempête.
« Tout-à-coup, dans l'obscurité, nous enten-
« dîmes un cri épouvantable; et puis nous
« n'entendîmes plus rien que le bruit des vents
« et des flots. »

Chacun a retenu le morceau célèbre que ter-
mine ce vers :

Par-delà tous ces cieux, le Dieu des cieux réside.

Le vague de cette image en fait l'immensité.

La poésie a plus d'attraits que la prose, non-seulement parce qu'elle emploie des couleurs plus variées et plus brillantes, mais encore parce qu'il y a quelque chose d'indéterminé dans son harmonieux langage. Ses métaphores, ses inversions, ses figures ajoutent aux idées principales une multitude d'idées accessoires, qu'on ne saurait analyser, mais qui toutes agitent et flattent l'imagination.

Certes, mon dessein n'est pas d'enseigner à répandre le vague dans les compositions littéraires. L'écrivain qui prodiguerait les réticences et les images peu déterminées, s'environnerait bientôt d'une étrange et fatigante obscurité. Ses ouvrages, loin de jeter l'âme dans une agréable rêverie, ne produiraient que de l'incertitude pour l'esprit.

L'auteur du *Voyage sentimental* croit, avec des phrases entrecoupées et des points, donner un vif intérêt à d'insignifians détails. Il ne présente souvent que des énigmes inutiles à deviner, et j'entrevois plus d'affectation que de sensibilité dans ses idées confuses. En disant ce qu'il me fait éprouver, je parle sans prévention;

je me hâterai même d'avouer que ses œuvres contiennent un petit nombre de pages qui m'enchantent : ce sont les lettres d'Yorick et d'Elisa. Le sentiment qu'elles respirent est indéfinissable. Est-ce l'amour qui les dicta ? Sterne, dès long-temps, n'était plus dans l'âge des erreurs, et la jeune Elisa paraît fidèle aux lois d'un époux. Sterne lui témoigne une estime profonde, une affection paternelle ; et le langage d'Elisa est presque toujours celui de la vénération. Ces lettres seraient donc un monument de l'amitié la plus pure? Mais l'amitié n'a point des ardeurs si vives, des inquiétudes si tendres, des rêveries si mélancoliques; elle n'a point un culte si doux. La correspondance d'Yorick et d'Elisa est empreinte d'un sentiment dont je ne puis me rendre compte : c'est pour cela même qu'elle m'attache, que j'aime à la relire; et que toujours elle me plonge dans un attendrissement délicieux.

Le plaisir qui naît de la peinture naïve d'un sentiment vague, je l'éprouve à la représentation d'une pièce, que je suis loin de compter parmi les chefs-d'œuvre : c'est *le Philosophe sans le savoir.* On y trouve des déclamations, des niaiseries et des invraisemblances ; mais quel naturel et quel charme dans le rôle de Victorine ! Cette jeune fille a, pour le fils de son maître, une affection qui ressemble quelquefois à celle d'une sœur; qui, d'autrefois, paraît plus tendre que l'amitié : si c'est de l'amour, que d'ignorance l'accompagne! Victorine a l'enfantillage et la gaîté de son âge : elle ne rêve point; on rêve en la voyant.

J'ai montré les avantages que s'assure le musicien, quand il suit la pensée du poète. Applaudissons les chants expressifs, mais ne dédaignons point une vague mélodie. C'est elle qui nous fait jouir des sons les plus délicieux. Le compositeur qui cherche une déclamation très juste, est obligé quelquefois de sacrifier le plaisir de l'oreille; tandis qu'une entière indépendance favorise celui qui s'enivre de son art, et ne veut en obtenir que des sons ravissans.

Une musique expressive inspire toujours à peu-près les mêmes sentimens. Chaque fois que, dans *Félix*, j'entendrai l'air du vieillard, les mêmes idées de probité, de vertu, viendront occuper mon esprit. La musique suave, sans expression déterminée, se prête à nos diverses rêveries. C'est elle qui, s'unissant à nos affections, nourrit un jour nos songes de bonheur, le lendemain notre mélancolie; elle ne prescrit point tel genre de plaisirs, elle ajoute à celui que nous voulons goûter; elle émeut l'imagination, et l'abandonne à ses propres chimères. Si j'étais plus épicurien, je voudrais entendre quelquefois une mélodie vague, en respirant des parfums, dans un salon faiblement éclairé.

Les Italiens nous offrent les modèles parfaits de ce genre de mélodie. Quelle verve anime leurs ouvrages! quelle fraîcheur! quelle abondance d'idées et d'inspirations musicales! Leurs compositeurs sont nés pour faire de la musique, comme les rossignols pour chanter. Souvent, il est vrai, leurs représentations manquent d'intérêt dramatique, souvent elles dégénèrent en concerts. Qu'elles soient, cependant, l'école de tous les hommes qui veulent apprendre le secret d'enchanter l'oreille, et de plonger l'imagination dans une douce ivresse!

La peinture a moins d'enthousiastes ardens que la musique et la poésie. C'est, je crois, parce que cet art retrace matériellement les objets qu'il imite. Les impressions qu'il nous cause, ne portent pas à l'esprit autant d'effervescence que les impressions moins déterminées des autres arts.

Il est difficile de s'exprimer clairement avec le pinceau; mais l'obscurité est très différente du vague. L'obscurité nous empêche de comprendre l'idée qu'on veut énoncer; le vague nous fait entendre plus qu'on ne songe à nous dire.

Les images ingénieuses en poésie, deviennent quelquefois absurdes sur la toile, parce que le peintre substitue des idées positives à des idées confuses. Le passage suivant prouve très bien cette vérité : « Qu'Anacréon comparant l'amour « à l'abeille, le fasse voltiger autour de la rose, « qu'il l'endorme sur son sein, mille idées char- « mantes viennent prêter leurs pinceaux, et « ajouter leurs couleurs à la métaphore du poète;

« car de combien de manières ne peut-on pas
« voir cette image, tant qu'elle reste invisible?
« Un peintre, je crois, l'a empruntée à la poésie;
« et il nous fait voir un petit enfant blotti dans
« une rose. Je laisse à penser ce qu'a de puéril,
« et peut-être de bizarre, cette rose servant de
« couche à l'enfant. Le poète l'a fait, dira-t-on.
« Sans doute; son amour peut se nicher dans le
« calice d'une fleur, comme dans le sourire de
« sa maîtresse. C'est que la rose d'Anacréon n'est
« pas une substance, c'est que son amour n'a
« point de corps. »[*]

On aurait tort de conclure des observations
précédentes, que le peintre ne peut jamais inspirer des idées vagues. Je vis, au salon, il y a
plusieurs années, un tableau dont le sujet est
une femme âgée qui sommeille, et qui tient sur
ses genoux un enfant endormi. Je retournai
souvent le voir. En considérant ce rapproche-
ment des âges opposés, l'insouciance, le som-
meil aux deux extrémités de la vie, mille pen-

[*] M. Quatremère de Quincy. (*Archives littéraires.*)

sées confuses venaient occuper mon esprit, et pénétrer mon cœur d'un doux intérêt.

Combien de jeunes néophytes exaltèrent leur imagination à l'aspect des scènes retracées par Lesueur , dans sa mélancolique histoire de saint Bruno? Quelle foule de sentimens s'élevaient dans leur âme, lorsqu'ils parcouraient ces tableaux , pour arriver à celui où des couleurs monotones forment une sombre harmonie avec la scène de mort qu'il représente! Des hommes vieillis au pied des autels , attachaient aussi leurs regards sur ce dernier tableau , près d'en renouveler eux-mêmes le pathétique et lugubre sujet. On n'observe plus d'un œil religieux ces chefs-d'œuvre; et toutefois, je m'abuse étrangement s'ils ne doivent encore une partie de l'impression qu'ils produisent, aux vagues souvenirs qu'ils réveillent.

J'ai fait sentir le vice des allégories; mais, lorsqu'elles sont ingénieuses et claires, elles peuvent occuper agréablement l'imagination; ce ne sont plus de pénibles énigmes, ce sont de spirituels apologues. Une des compositions du Poussin les plus admirées, est cette danse où le temps, sous la figure d'un vieillard, joue de la lyre, tandis qu'un enfant regarde une horloge de sable, et qu'un autre souffle des bulles, images légères de l'éclat et de la rapidité du plaisir. Deux morceaux de sculpture charmans sont les centaures trouvés dans la maison de campagne d'Adrien. L'artiste a voulu montrer les effets de l'amour sur différens âges. Un des centaures est jeune, l'autre est vieux; chacun d'eux est monté par un enfant ailé. Le jeune centaure est fier, heureux, il obéit avec ardeur au maître qui le guide; l'autre est honteux de lui-même, il s'attriste et s'étonne du joug qu'il subit.

Je ne m'arrête point à prouver que le plaisir causé par les allégories ingénieuses, résulte en partie d'idées vagues.

Le geste, la physionomie, le silence même, ont une éloquence énergique. Ils offrent des idées indéterminées, saisies par l'imagination et par le cœur, plus que par la raison. Qu'un personnage tragique exprime le désespoir et les remords, en vers pleins de chaleur, les sensations qu'il causera seront faibles, comparées au saisissement qu'on éprouve en voyant lady Macbeth endormie, se lever, marcher, prononcer des mots entrecoupés; et, l'œil fixe, frotter ses mains pour effacer le sang dont elle croit les voir couvertes. Cette étonnante scène est interrompue par un mot sublime, où se trouve aussi du vague. Une femme de lady Macbeth amène, avec mystère, un médecin pour qu'il juge de l'étrange état de sa maîtresse. Cet homme comprend bientôt la cause d'une agitation si terrible; effrayé du secret dont il se trouve dépositaire, il prend la main de son introductrice, et lui dit : *Sortons, mon art ne peut rien à cette maladie.*

C'est par des sensations confuses, que le langage des cérémonies et des fêtes émeut profondément les hommes. Il frappe des êtres grossiers; et l'exercice de la raison ne rend point supérieur au trouble qu'il fait naître. L'esprit analyse un raisonnement, le détruit, ou du moins y répond; il est sans force contre des impressions entraînantes, qu'il ne peut expliquer. L'incrédule Diderot s'attendrissait à des céré-

monies pieuses : « Je n'ai jamais vu, dit-il, cette
« longue file de prêtres en habits sacerdotaux,
« ces jeunes acolytes vêtus de leurs aubes blan-
« ches, ceints de leurs larges ceintures bleues,
« et jetant des fleurs devant le saint Sacrement;
« cette foule qui les précède et qui les suit, dans
« un silence religieux; tant d'hommes le front
« prosterné contre la terre; je n'ai jamais en-
« tendu ce chant grave et pathétique, donné
« par les prêtres, et répondu affectueusement
« par une infinité de voix d'hommes, de femmes
« et d'enfans, sans que mes entrailles ne s'en
« soient émues, n'en aient tressailli, et que les
« larmes ne m'en soient venues aux yeux. Il y a
« là dedans je ne sais quoi de grand, de som-
« bre, de solennel, de mélancolique. »[*]

Les émotions vagues sont la source des plaisirs les plus purs. Le bonheur du sage serait-il
très différent de celui des intelligences célestes,
lorsque ses méditations se changent en rêveries,
lorsque, s'abandonnant au repos avec délices,

____

[*] *Salon de* 1765.

il cesse de penser, et trouve, dans le seul sentiment de l'existence, une ineffable volupté? Oh!
c'est surtout en revenant à lui qu'il juge que les
chimères de l'ambition, de la cupidité, de l'orgueil, sont des ombres de plaisirs, incapables de
donner jamais une idée du bonheur que l'homme
pourrait goûter sur la terre!

Une émotion vive doit toujours une partie de
sa puissance à des sentimens vagues, dont elle
est accompagnée, et qui la rendent plus profonde, alors même qu'ils sont à peine aperçus.
Pour éclaircir ce fait, me sera-t-il permis d'emprunter une comparaison à la musique? Le son
donné par la vibration d'un instrument n'est jamais simple; il est accompagné d'autres sons peu
distincts, qui viennent ajouter à sa force. De
même, qu'une émotion très sensible pénètre
l'âme, il s'y joint des émotions confuses qui la
rendent plus douce ou plus affreuse.

Une impression que l'esprit juge en entier
est certainement légère; plus, au contraire, elle
apporte d'idées indéterminées, plus on sent croître le trouble du cœur. Ainsi s'alimente la flamme

des passions. Otez à l'ambition, à la cupidité, à la haine, ce que les sentimens qu'elles eveillent ont d'incertain et d'obscur, vous les aurez privées de leur empire. C'est à des sentimens d'une espèce très différente, et cependant du même genre, que l'amour doit ses plaisirs mélancoliques et ses douces rêveries. En bannissant les émotions vagues, on nous affranchirait sans doute de beaucoup d'alarmes et de regrets; mais on ferait aussi disparaître nos songes les plus heureux.*

---

* L'homme est un être si faible que son cœur est rempli d'émotions vagues, et son esprit d'idées confuses. Les métaphysiciens voient, avec raison, une grande source d'erreurs dans l'indétermination des signes représentatifs de nos idées. Mais le vague des mots, qui se fait si péniblement sentir dans toutes les discussions importantes, n'est-il pas un effet inévitable de notre organisation ?

Ayons une langue bien faite, disent les métaphysiciens, et nous serons conduits, sans effort, à raisonner avec justesse.

La langue d'une science étant, pour ainsi dire, une langue sacrée, qu'un petit nombre de ministres révèlent à quelques adeptes, de faciles conventions la modifient ou la changent; mais comment un peuple renoncerait-il à sa langue usuelle, pour adopter celle qu'inventeraient les philosophes?

Je suppose qu'on découvre ce peuple neuf et docile. Les métaphysiciens, en suivant leurs principes, seraient loin, je pense, de créer une langue parfaite. Un idiome scrupuleusement analytique, d'où les métaphores même seraient bannies, ne pourrait nous suffire. L'homme, considéré comme un être moral, se compose de sensibilité, de raison et d'imagination. Une langue qui n'obéirait qu'à la raison, serait une langue mutilée. Les passions l'agrandiraient bientôt; ou, détruisant la sensibilité, étouffant l'imagination, bientôt elle aurait dénaturé l'homme.

Je suppose encore que cette langue analytique soit parfaite. A peine conserverait-elle un jour sa rigoureuse exactitude. En voulant nous donner pour modèle la langue des mathématiques, les métaphysiciens oublient, ou n'aperçoivent pas que les idées de nombre offrent un phénomène qui leur est particulier. Ces idées ne sont pas susceptibles de modification. Le mot cinq, par exemple, réveille toujours la même idée; l'esprit n'y peut rien ajouter, et ne peut en rien retrancher. Lorsque je dis *cinq arbres*, *cinq édifices*, le mot cinq n'éprouve pas la plus légère modification pour chacun de ceux qui m'écoutent. C'est avec une multitude de nuances, au contraire, que se présentent aux divers esprits les idées d'arbres et d'édifices. Il est question, cependant, d'objets physiques : les modifications se multiplieraient mille fois da--

vantage, si les mots, choisis pour exemple, réveillaient des images fugitives dont les objets, purement intellectuels, ne sont jamais tombés sous nos sens.

Une langue parfaite ne se conserverait que parmi des êtres parfaits. Admettons des degrés dans leurs perfections, il existera des nuances dans la valeur qu'ils attacheront à leurs mots. Les remèdes que les métaphysiciens proposent pour l'esprit, ressemblent à ceux que les médecins conseillent pour le corps ; annoncés avec pompe, souvent ils sont de peu de secours. Ceux des moralistes, quoique plus simples, offriraient plus d'avantages. Le moraliste dit aux hommes : votre organisation s'oppose à ce que vous donniez un sens toujours exact aux mots que vous employez. A cette cause d'erreurs, n'ajoutez pas du moins les autres causes plus funestes qui naissent des passions et des préjugés. Écoutez et parlez de bonne foi ; et, puisque les erreurs sont inévitables, ayez pour elles de l'indulgence.

CHAPITRE XIX.

DU JOLI.

Le joli n'élève pas notre âme, il amuse notre esprit; il n'enchante pas la vue, il la récrée.

Le sublime, le beau et le joli inspirent un sentiment de plaisir : mais produit par le beau, ce sentiment est sérieux et grave ; excité par le sublime, le trouble l'accompagne; en naissant du joli, il obtient un sourire.

Destiné à des objets frivoles, à des modes changeantes, le joli ne peut avoir des principes très fixes. Toutefois, de petites proportions lui semblent nécessaires; leur délicatesse suffit pour occuper agréablement les yeux : ainsi la plupart des êtres vivans ont, dans leur enfance, des formes qui nous plaisent.

On peut observer encore que le joli admet, plus que le beau, les ornemens nombreux, dé-

licats et variés. Ils s'allient bien avec de petites
proportions, ils aident à les faire remarquer ;
tandis qu'ils détournent l'attention, et paraissent mesquins dans les grandes compositions des
arts.

Jamais, cependant, on ne doit s'éloigner entièrement de la simplicité. Le vrai, le naturel,
le simple, à des degrés de pureté plus ou moins
sévères, sont toujours essentiels ; et lorsqu'on
les dédaigne, le joli devient presque aussi rare
que le beau. Ces deux qualités ont, entre elles,
une influence réciproque ; on les voit mutuellement se perfectionner et se corrompre.

Le beau existe le premier dans les arts. La
poésie célébra les dieux et les héros, avant de
s'occuper de madrigaux et d'épigrammes ; on
éleva des temples avant de décorer des salons et
des boudoirs : les beaux-arts font naître les arts
futiles.

La corruption du goût atteint d'abord le joli.
Il s'altère avant le beau, parce que nous croyons
facilement qu'il est susceptible d'obéir à tous les
caprices ; et parce qu'une multitude d'individus

prétendent connaître les moyens de le produire. Bientôt la contagion s'étend; les yeux s'accoutument à l'affectation, il faut dégrader aussi le beau pour leur plaire. Lorsque Boucher, flattant le goût de stupides financiers, leur montre des figures blanches et roses, drapées avec une inconcevable prétention, s'il enchante le public par son défaut de naturel, les grands ouvrages de peinture prendront quelque chose de sa manière; on affadira l'histoire, pour donner aux héros des costumes plus gracieux et des attitudes plus aimables.

Qu'une heureuse révolution s'opère, que les élèves soient rappelés à l'étude de la nature et de l'antique, l'influence du beau sur le joli se fait sentir à son tour. Après avoir admiré des tableaux conçus dans les véritables principes, on veut que les portraits n'aient plus rien d'affecté. Nous avons vu même les costumes, les ameublemens, les modes, en un mot, se ressentir de la restauration du goût. Lorsqu'une sensation nous plaît, nous en desirons d'analogues; et presque toujours il s'établit entre les usages, les mœurs et les arts, une sorte d'uniformité qu'il est facile d'observer. Quand les femmes, avec leurs hautes coiffures et leurs immenses paniers, se promenaient dans les allées parfaitement alignées des jardins français, les psalmodies de Lulli faisaient leurs délices; et dans le bal qui suivait le concert, elles dansaient le grave menuet, avec un imperturbable sang-froid.

Par enthousiasme pour le beau, quelques personnes dédaignent le joli, qui peut en effet nuire aux arts, s'il usurpe une place que le goût ne lui destinait pas. Mais ces deux qualités conviennent à des productions différentes, et toutes deux multiplient nos plaisirs. Le beau et le joli se divisent, en quelque sorte, les ouvrages des arts; l'un a les plus importans, l'autre les plus nombreux.

Entre ces deux qualités, la distance est la même qu'entre le génie et l'esprit. Rendons hommage au talent qui nous étonne, sans refuser d'applaudir celui qui nous amuse; et gardons-nous de confondre l'esprit avec l'abus de l'esprit. Vers la fin du règne de Louis XV, les hommes à la mode se montraient fadement spirituels; les poètes mettaient la comédie en madrigaux, et les peintres semblaient avoir étudié la nature à l'opéra. La raison combattit ce défaut de vérité; mais bientôt le pédantisme voulut nous jeter dans un autre excès. On parla dans les collèges contre l'esprit, comme on eût parlé contre le mauvais goût; à peine les distinguait-on. Nos régens nous vantaient la simplicité des anciens, mais avec si peu de lumières qu'on eût dit que, pour avoir du génie, un moyen infaillible était de manquer d'esprit.

Une raison forte, une sensibilité profonde, ne créent pas tous les détails d'une vaste production. Il est des rapports délicats et des nuances légères, que l'auteur doit habilement saisir. En général, les hommes de génie ont eu beaucoup d'esprit, au moins dans leurs ouvrages.

Estimons toutes les qualités que la nature destine à nos plaisirs. En nous enflammant pour le beau, aimons encore le joli. Une foule d'ouvrages ne peuvent être ornés que par lui; sa dégradation entraîne celle du beau; et c'est au contraire chez un peuple où règne, jusque dans les conversations et dans les modes, une élégante simplicité, qu'il existe le plus d'hommes disposés à sentir le charme des arts.

CHAPITRE XX.

RÉSUMÉ. OBSERVATIONS SUR QUELQUES MOYENS DE PRODUIRE LE BEAU.

L'EFFET général des belles productions est d'élever notre âme : j'ai cherché quelles qualités appartiennent à tous les ouvrages qui font naître cette vive impression ; et j'ai reconnu que la grandeur, le vrai, la simplicité, la variété et l'originalité constituent essentiellement le beau dans les arts. J'ai voulu prouver ensuite que les idées morales donnent seules à la beauté son charme le plus pur. J'ai dit que l'artiste, s'il néglige de leur emprunter des moyens de succès, doit du moins rejeter les sujets qui s'opposent aux émotions nobles que le talent d'exécution veut produire. Supposant un ouvrage créé d'après ces principes, j'ai parcouru quelques-unes des causes qui peuvent ajouter à son éclat. Enfin, examinant les principales nuances du beau, nous venons d'élever nos regards vers le sublime, et de jeter un coup-d'œil sur le joli.

Heureux sujet d'entretiens, d'études et de rêveries, le beau est après le bon ce qu'il existe de plus digne d'amour. L'homme que les arts enchantent, qui jouit des chefs-d'œuvre, sans se livrer à l'ambition de les imiter, n'éprouve que des émotions douces; chaque jour des voluptés paisibles renaissent pour charmer le cours de sa vie. Mais quel contraste entre son existence et celle des êtres extraordinaires dont les pensées ont traversé les siècles pour accroître nos lumières ou multiplier nos plaisirs! Chantres d'Ilion et de Jérusalem! et vous dont la sagesse dictait les nobles discours, Socrate! Cicéron! et vous qui faisiez dans les sciences de paisibles conquêtes, Descartes! Galilée! nos expiations peuvent-elles absoudre vos contemporains? Des statues décorent nos édifices, et quelquefois les hommes dont elles offrent l'image ont manqué d'asile! On croirait que la nature a voulu rendre le génie plus auguste en l'alliant au malheur; comme le temps, en mutilant les monumens, leur imprime un plus grand caractère.

Subir le mépris ou l'envie, tel sera le sort de celui qu'entraîne l'espoir de la célébrité. Je reconnais la sagesse d'un père, lorsqu'il veut éloigner son fils d'une carrière où, peut-être, le dédain public le mettrait au dessous des oisifs, où, peut-être, l'attend une gloire payée du bonheur de la vie.

Mais, un jeune homme est-il invinciblement dominé par l'espoir d'obtenir à son tour cette admiration qu'il porte avec ivresse à ses maîtres? Pour premier moyen de succès qu'il se livre sans réserve à son art, et s'abandonne à sa destinée. Les biens dont la foule est avide, les honneurs qui seront inconnus de la postérité, n'offrent plus rien qui soit digne d'arrêter sa pensée. Il aspire à s'immortaliser dans les arts; la haute ambition dont il est possédé, doit absorber en lui toutes les ambitions vulgaires.

Une seule passion peut encore pénétrer dans une âme que remplit l'ardeur de la gloire. La vie de l'artiste est une vie d'illusions et de rêveries; l'amour peut encore embellir ses songes, et parer de grâces nouvelles sa jeune imagination. Mais qu'il redoute les erreurs d'une passion séduisante; mêler l'ivresse des plaisirs à l'ivresse des arts, c'est consumer rapidement l'existence. Eh! qui n'a point gémi, en voyant Raphaël descendre si jeune au cercueil? La nature lui prodiguait tous ses dons. La beauté physique annonçait en lui la beauté du caractère et du génie. Émule heureux de Michel-Ange, ami de Léon X, paraissant au Vatican moins en peintre qu'en ministre des arts, environné de toutes les séductions brillantes, Raphaël voulut vivre pour la gloire et pour la volupté. Bientôt ses yeux obscurcis n'aperçurent ses chefs-d'œuvre qu'à travers un nuage; les pinceaux qui faisaient son orgueil, échappèrent à sa main défaillante; la tombe dévora l'objet de tant d'honneurs, de fêtes et d'amour!

Le premier signe de talent est l'enthousiasme pour tout ce qui porte l'empreinte du beau. Un élève connaîtrait les défauts des chefs-d'œuvre, et ceux des productions faibles, qu'il saurait tout au plus éviter des fautes. C'est en attachant ses regards sur les beautés, qu'on reçoit des inspirations fécondes en beautés nouvelles.

Qu'on se forme un modèle idéal, et qu'on cherche à s'élever jusqu'à lui : mais ce modèle ne doit pas occuper toujours la pensée, quand on observe les productions des grands maîtres. Un élève sait que les beautés d'un tableau naissent du sujet, du dessin, du coloris, de l'ordonnance des figures. Plein de ses idées de perfection, il visite la galerie de Rubens, et voit des sujets qui ne peuvent l'intéresser, des allégories qui le blessent, des traits ignobles et des formes grossières où l'on en voudrait de célestes. Quelle confusion d'idées doit embarrasser son esprit ! Ses principes sont-ils faux, ou les ouvrages qu'on lui montre n'ont-ils qu'une réputation usurpée ? Si on lui eût dit : venez admirer la palette de Rubens, le coloris distingue cet artiste ; bornez-vous à considérer, dans ses tableaux, le genre de beautés qui les rend précieux; il eût senti le mérite dont brillent les productions d'un si rare talent. N'espérant découvrir qu'une seule qualité, il eût reconnu avec surprise une distribution habile des personnages sur la toile; il eût été frappé de plusieurs scènes où l'on remarque une expression vraie. Au lieu d'être embarrassé par des idées incertaines, pénibles, il eût applaudi des ouvrages justement célèbres. Dès qu'un genre de beautés existe à un très haut degré dans les monumens qu'on observe, loin de se refuser aux émotions qu'il produit, pour songer à celles qu'on pourrait desirer encore, il faut le contempler, il faut en recevoir une leçon et des plaisirs.

Après la folie d'exiger la perfection dans les chefs-d'œuvre, la plus funeste est celle de n'aimer, de n'admirer qu'un seul modèle, et de vouloir abaisser de grands hommes pour en élever d'autres. Comparons-les, afin de mieux sentir l'heureuse variété des talens que leur a donnés la nature : il est doux de rapprocher des qualités différentes, d'en jouir, et de vouer à toutes la même admiration. Racine est le poëte qui sait le mieux nous rendre attentifs au charme des vers; mais on s'abuse si l'on croit sa versification magique plus étonnante que celle de Corneille. Les deux poètes ont des systèmes de versification presque opposés. L'un fait des épithètes un fréquent et merveilleux emploi; l'autre semble n'en avoir pas besoin, et rarement on en trouve dans ceux de ses vers qui s'offrent les premiers à la mémoire.

> Les deux camps sont rangés au pied de nos murailles,
> Mais Rome ignore encor comme on perd les batailles.

> Albe vous a nommé, je ne vous connais plus.
> — Je vous connais encore, et c'est ce qui me tue.

> Je les voyais tous trois se hâter sous un maître,
> Qui, chargé d'un *long* âge, a peu de temps à l'être;
> Et tous trois, à l'envi, s'empresser ardemment
> A qui dévorerait ce règne d'un moment.

Serait-il donc moins difficile d'égaler la versification de Corneille, que d'imiter celle de Racine?

La musique est, parmi les beaux-arts, celui

qui fait naître les discussions les plus vives. Les gens de lettres ne parlent point des poètes avec l'enthousiasme ardent que les musiciens font éclater, lorsqu'ils discutent le mérite de leurs maîtres. La partialité de quelques-uns d'eux est tellement irritable que, si l'on fait l'éloge de Cimarose, ils disent aussitôt : *Vous n'aimez donc pas Mozart?* De même que, si l'on rend justice au compositeur allemand, leurs antagonistes s'écrient : *Vous n'aimez donc par Cimarose?* L'exaltation particulière aux musiciens me paraît explicable. Plus un art est vague, plus il doit donner lieu à des jugemens opposés. Ensuite, s'adressant moins à l'esprit qu'il ne frappe l'imagination et le cœur, il leur communique une effervescence qui se retrouve dans les discours de ses admirateurs. Enfin, ayant peu d'expressions positives pour faire connaître les émotions qu'on a senties, on recourt à des exclamations, à des hyperboles que, souvent, on juge encore trop faibles. Les débats des musiciens, pour être explicables, n'en sont pas moins puérils. Ce qui doit caractériser les amis des arts, c'est d'être ému par tout ce qui est beau. Qu'on exécute aujourd'hui la musique de Cimarose, demain celle de Mozart, je goûterai leur beautés différentes : je veux, un autre jour, entendre les accens dramatiques de Gluck; puis, je demanderai les airs pleins d'expression et de charme que Piccini fait rendre à sa lyre. *

Un moyen nécessaire pour obtenir des succès durables, est de fuir les succès éphémères. On perd le temps des études, en cherchant des applaudissemens faciles; et les réunions qui les prodiguent, tendent des pièges à la jeunesse.

* Souvent des hommes de génie qu'on voulut élever aux dépens les uns des autres, restèrent étrangers à ces débats indignes d'eux. Gluck et Piccini s'embrassèrent, avec sincérité, à l'époque des plus vives querelles causées par leurs ouvrages. Piccini, survivant à son émule, écrivit pour proposer une fête annuelle à sa mémoire : *Votre théâtre lyrique,* disait-il, *lui doit autant que la scène française au grand Corneille.* Sa conduite ne fut pas moins estimable à l'égard de Sacchini, et son caractère est un des plus dignes d'être présentés pour modèle aux artistes.

Les lectures de société nuisent aux jeunes auteurs, en les abusant sur leurs fautes, en caressant leur vanité naturelle; et souvent aussi en faisant révéler au public les défauts de ces mêmes ouvrages, si louangés dans les salons où l'on aurait dû les critiquer avec bonne foi. Parmi les académies de province, celles qui s'occupent de poésie, de petits vers, sont de véritables foyers de mauvais goût. C'est là qu'on fait de l'esprit sans parler français, et qu'on propage de faux principes par de ridicules exemples; c'est là que, pleins de politesse, les élus se traitent mutuellement de savans, d'ingénieux et d'illustres * : l'avantage de ces réunions est de satisfaire l'amour-propre d'une niaise médiocrité.

---

* De pareils titres, même quand ils sont mérités, ne devraient pas être fréquemment employés. En général, un beau nom se passe d'épithète. Je proteste de mon respect pour les hommes qui, de nos jours, cultivent les sciences avec tant d'éclat, et soutiennent si dignement en Europe la gloire de notre patrie : mais comment ne voient-ils rien de ridicule dans les épithètes fastueuses qu'ils se prodiguent

C'est dans la retraite que la raison s'éclaire, que l'âme s'agrandit, que l'imagination s'enflamme. Il faut long-temps y multiplier ses essais, en invoquant la sévérité de quelques amis du goût. Voltaire, après quarante ans de gloire, appelait encore des critiques sur ses tragédies, avec l'avidité d'un jeune homme ardent à perfectionner ses écrits.[*]

Les peintres et les musiciens perdront d'utiles secours, s'ils consultent uniquement les maîtres de leur art. Winckelman a deux principes dont il faudrait pénétrer la jeunesse.

« Ne cherchez point à découvrir des défauts « dans les chefs-d'œuvre, avant que vous ayez « appris à en connaître les beautés.

« Évitez de répéter les décisions des gens du « métier ; ils préfèrent, presque toujours, le « difficile au beau. »[**]

---

entre eux, et qu'ils se laissent donner a tout propos par leurs élèves? Ces titres rappellent ceux que prenaient les docteurs de l'ancienne philosophie, et sont le dernier reste de la pédanterie scolastique.

[*] *Voyez ses lettres à M. d'Argental.*

[**] *Histoire de l'Art.*

L'homme d'un goût exercé, qui n'est point initié aux mystères des arts, est le plus en état de prononcer sur l'effet d'un morceau de musique ou d'un tableau. Les difficultés vaincues, les beautés de convention ne pouvant le distraire, il sent mieux l'impression que fait naître l'ouvrage qu'il entend ou qu'il voit. Ne confondons pas les procédés d'un art et ses effets. Les procédés ne peuvent être parfaitement connus qu'après de longues études; mais leurs résultats doivent plaire à tous les hommes bien organisés. Ces résultats étant la fin que se propose l'artiste, qu'il interroge souvent les juges les plus capables de les apprécier.

Les arts ont d'importans secrets que ne révèlent ni les leçons, ni les livres. Il faut les découvrir soi-même, et l'on n'y parvient qu'en aimant à prolonger ses méditations au sein de la retraite. Oh! pourquoi se hâter de l'abandonner? On y passe les jours les plus doux. Temps heureux! où l'esprit a peu de souvenirs et beaucoup d'espérances! Les illusions embellissent alors le séjour qu'on habite : en le quittant, la scène change; et souvent, où l'imagination plaçait un temple, on découvre une arène.

L'influence de la solitude sur le caractère, la rend encore utile. Pour former le complément du beau, les idées morales sont nécessaires; ainsi, pour donner au génie toute sa puissance, il faut l'unir à tous les sentimens nobles. Ne prêtons point facilement l'oreille aux discours qui tendent à flétrir les objets de notre admiration. C'est la marche éternelle de l'envie de contester d'abord le talent des hommes distingués; et, lorsque ensuite on ne peut le méconnaître, d'attaquer ou leur caractère ou leurs mœurs. Mais si de coupables faiblesses ont avili des êtres doués d'un esprit supérieur, pense-t-on qu'avec un cœur plus droit, une âme plus élevée, ils n'eussent pas marqué d'un sceau plus éclatant leurs ouvrages? Il faudrait aussi distinguer la célébrité de la gloire. L'habileté en intrigue suffit pour monter à des postes brillans; il n'appartient qu'à l'honnête homme de fournir une belle carrière.

Les productions d'un auteur font partie de lui-même, on y retrouve son élévation ou sa bassesse. Quel avantage a donc celui qui regarde le beau comme une source d'affections généreuses, qui se représente les hommes appelés à créer des chefs-d'œuvre, comme investis d'un ministère auguste ; et qui sent le besoin d'épurer son âme, pour se consacrer au culte des arts? Ah! c'est surtout au moment où, se disposant à quitter la retraite, on est près de choisir un sujet, c'est surtout alors qu'il faut se pénétrer des avantages que produit l'alliance du bon et du beau. En suivant les principes tracés dans ces Études, si l'on a de faibles talens, du moins on les rendra dignes d'estime; et si l'on a reçu la flamme du génie, on se couronnera de cette gloire si pure que donne la reconnaissance publique. Les favoris des arts sont appelés à nous rendre meilleurs par l'attrait du plaisir. Qu'ils soient fidèles à cette mission ! c'est ainsi qu'ils peuvent élever au plus haut degré leur gloire et leur bonheur. Sans doute, on doit tressaillir d'orgueil, lorsqu'on se dit : *mon nom vivra dans la postérité !* mais de quel sentiment plus doux l'âme éprouve l'ivresse, si l'on peut ajouter : *et ce nom sera béni par les hommes?*

FIN DES ÉTUDES SUR LE BEAU DANS LES ARTS.

TABLE.

TABLE.

FIN DE LA TABLE.